Wenn einer läuft und einer bleibt.....

Wie der Jakobsweg beeinflusst, auch wenn man nur in Gedanken dabei ist....

AF139218

Die Geschichte einer Pilgerschaft aus Sicht einer Daheim-Gebliebenen

Von MARLIES BÖCKER

BOOKS on DEMAND

Dieses Buch widme ich meinem Mann Jacek, der zur Entstehung dieses Buches die schwierige Aufgabe des Laufens übernommen hat und sich damit einen Lebenstraum erfüllte.

Marlies Böcker

Wenn einer läuft und einer bleibt...

Wie der Jakobsweg beeinflusst, auch wenn man nur in Gedanken dabei ist...

Die Geschichte einer Pilgerschaft aus Sicht einer Daheim-Gebliebenen

Bibliografische Information der Deutschen Nationalbibliothek:
Die Deutsche Nationalbibliothek verzeichnet diese
Publikation in der Deutschen Nationalbibliografie;
detaillierte bibliografische Daten sind im Internet
über http://dnb.dnb.de abrufbar.

Illustration: **Marlies Böcker**
weitere Mitwirkende: **Jacek Böcker**

Herstellung und Verlag: BoD – Books on Demand,
Norderstedt

ISBN: 978-3-7386-5620-6

Inhaltsverzeichnis

Prolog

Jetzt ist es also soweit! Es ist Ende April 2015 und wir stehen gemeinsam am Flughafen in Straßburg und verabschieden uns für so etwa die nächsten 6 Wochen voneinander.

Wir sind jetzt seit 22 Jahren zusammen und haben schon immer Trennungen von 2-3 Wochen erlebt. Hauptsächlich, weil mein Mann Jacek gebürtig aus Polen kommt und immer mal wieder seine Familie dort besucht . Nach einigen Versuchen, ihn dabei zu begleiten, habe ich dann für mich entschieden, dass es für alle Beteiligten das Beste ist, wenn die polnische und die deutsche Kultur in diesem Falle nicht länger aufeinander treffen, ich besser zu Hause bleibe und lieber Entspannung suche und genieße.

Aber 6 Wochen sind wir noch nie getrennt gewesen und wir beide wissen nicht, wie es sein wird.

Obwohl wir uns nun so lange auch psychisch auf die Trennung vorbereitet haben, überkommen uns jetzt doch die Gefühle und die Tränen fließen auf beiden Seiten. Noch einmal umarmen und „Buen Camino" wünschen. Dreimal geht die elektrische Tür zwischen uns auf und zu, bis ich mich endlich umdrehe und zum Auto gehe.

Mein Abschiedsgeschenk habe ich Jacek schon zu Hause in die Hand gedrückt, aus Angst, es am Flughafen zu vergessen. Es ist eine kleine Kunststoffhülle mit einem Blatt Papier, auf das ich einen irischen Pilgersegen geschrieben habe. Dieser soll ihn auf dem Weg begleiten und ihn immer motivieren. Ich

habe ihn aus einem der vielen Bücher von Jakobs-
weg-Pilgern, die ich vorher verschlungen habe.

Möge die Straße dir entgegeneilen.
Möge der Wind immer in deinem Rücken sein.
Möge die Sonne warm auf dein Gesicht scheinen
und der Regen sanft auf dein Gesicht fallen.
Und bis wir uns wiedersehen,
halte Gott dich im Frieden seiner Hand.

Auf die Rückseite habe ich „Ultreia – vorwärts!"
geschrieben und ein getrocknetes Veilchen aus unserem Garten dazugelegt.

....und dann ist er endgültig auf dem Weg nach
Santiago de Compostela. Mir ist reichlich schwer ums
Herz. Auf der Rückfahrt wird mir erst so richtig klar,
dass er jetzt tatsächlich gestartet ist in sein langer-
sehntes, großes Abenteuer!

1. Kapitel

Wie die Idee entstanden ist

Ja, wie kam es überhaupt dazu, dass mein Mann jetzt einfach so losläuft?

Eigentlich ist Hape Kerkeling daran schuld! Der veröffentlicht im Sommer 2014 sein zweites Buch über seine Kindheit im Ruhrgebiet. Ich gerate etwas ins Schwärmen, denn auch ich komme gebürtig aus dem Westfalenland und höre immer wieder gerne, wohl aus Nostalgie heraus, die westfälisch angehauchte Sprechweise. Vor Jahren hat mir eine Freundin deshalb sein erstes Buch „Ich bin dann mal weg" geliehen. Welcher Jakobsweg-Interessierte kennt es nicht! Was ich damals beim Lesen ganz lustig fand, dass es in meinem Kopf tatsächlich die Stimme von Hape war, der mir dieses Buch vorlas.

Diese Geschichte erzähle ich meinem Mann als Begründung dafür, warum ich gerne das zweite Buch hätte. Und dann passiert es! Mein Mann, eine Nachteule erster Güte, überrascht mich nach einer Woche mit dem Satz: „Ich habe mir das Hörbuch von Hapes erstem Buch angehört. Da hätte ich auch Lust drauf!" Ich bin erst mal sprachlos. Das jemand auf die Idee kommen könnte, im Zeitalter des Automobils solche Strecken zu Fuß zu gehen, erschließt sich mir so schnell nicht.

Aber letztendlich verstanden habe ich es dann doch. Mein Mann kommt gebürtig aus Polen und hat in der Nähe der hohen Tatra seine Kindheit verbracht. Da ist ihm quasi das Wandern und Bergsteigen in die Wiege gelegt worden. Immer wieder zieht es ihn für ein paar Tage hinaus. Als wir vor Jahren in der Nähe von München wohnten, waren es an den Wochenenden immer mal wieder die Alpen. Jetzt ist es seit mehr als einem Jahrzehnt schon der Pfälzer Wald, der sich mehr oder weniger direkt vor unserer Haustür erstreckt.

Da sich meine Kindheit an Strand und Meer abgespielt hat und laufen mir nur bei Stadtbesichtigungen sinnvoll erscheint und dann auch Spaß macht, ist also Wandern keine gemeinsame Betätigung von uns geworden.

Nachdem wir ein paar weitere Tage immer mal wieder über das Pilgern, die Gründe, Erwartungen und Herausforderungen geredet haben, nimmt der Jakobsweg, den man gemeinhin auch Camino nennt, in unser beider Köpfen immer konkretere Formen an. Wollen wir wirklich, dass jeder mal 6 Wochen lang nur sein Ding machen kann? Wie klappt das mit dem Urlaub? Ist das finanzierbar? Wenn nicht jetzt, ist dann später noch Zeit? Spielen Alter und Gesundheit so lange noch mit, oder ist das jetzt die letzte Chance? Immerhin ist Jacek jetzt 52 Jahre alt. Er hat noch keine Zipperlein, die ihn sonderlich quälen, aber das muss ja in 2 oder 3 Jahren nicht mehr so sein. Die Uhr tickt also unaufhaltsam!

Ohne dass wir es recht bemerken sind wir plötzlich in der Phase gelandet, wo sich die Fragen schon um die Umsetzung drehen! Wann wäre die beste Zeit? Von wo soll es losgehen? Was braucht man eigentlich alles?

Wenn die Stadt St. Jean Pied de Port (SJPDP) in den Pyrenäen der Startpunkt sein soll um nach Santiago zu pilgern, wie kommt man dort am besten hin? Sollen wir eventuell mit ein paar gemeinsamen Tagen in den Pyrenäen starten?

Und dann, an einem Freitag im November 2014 kommt die Entscheidung. Wir sitzen mal wieder gemeinsam vor dem Computer und schauen Videos anderer Pilger. Plötzlich erzählt Jacek, das er Billig-Flüge von Straßburg nach Biarritz gefunden hat, die keine 60 € kosten, aber doch recht weit im voraus ausgebucht sind. In dem Moment wird mir schlagartig klar, dass ich den von mir gewünschten, vorhergehenden gemeinsamen Urlaub, bei dem ich ihn Richtung Pyrenäen bringen könnte, aus meinem Kopf streichen kann. Davon hätten wir beide zu dem Zeitpunkt wohl nichts. Mein Mann ist eigentlich schon auf dem Weg. Lieber heute als morgen.....

Meine Frage: „Wann wäre denn dann überhaupt der nächstmögliche freie Flug?" Mit diesem Satz steht jetzt für alle Zeiten und in jeder Erzählung fest, dass die Idee und die Realisierung des Jakobswegs eigentlich von mir gekommen sind.

2. Kapitel
Planung und andere
Unwägbarkeiten

Der erste freie Termin für einen Flug ist der 27.04.2015. Schon in den ersten Gesprächen, die es zu dem Thema gab, war für Jacek der April/Mai als Pilgerzeit günstig erschienen. Zu der Zeit ist die Wahrscheinlichkeit für Wetter ohne Extreme in die eine oder andere Richtung recht hoch und der Camino selbst noch nicht so voll. So hofft er zumindest.

Das Problem der zeitlichen Realisierbarkeit hatte sich ein paar Tage vorher schon von alleine erledigt. In unserer, immer schon etwas anderen Beziehung, war mein Mann seit jeher für Familie, Haus und Hof verantwortlich gewesen. In den letzten Jahren hat er dann genügend Zeit für einen Minijob, der in unserer Familienkasse immer für Wochenend-Trips und Kurz-Urlaube eingeplant wurde. Dieser Job nun war zum Januar 2015 aufgrund sich verändernder rechtlicher Gegebenheiten futsch. Neuen Job suchen? Na klar! Aber macht das Sinn, wenn man eventuell drei Monate später schon wieder für Wochen weg ist? Letztendlich war das der ausschlaggebende Aspekt! Also: „Buch´ diesen Flug, geh´ auf den Camino! Lass Dir die Zeit die du brauchst um dein persönliches Ziel zu erreichen. Komm mit klarem

Kopf wieder und dann suchst du dir einen neuen Job!" So meine Meinung dazu.

Mit großem Herzklopfen bei uns beiden, wird jetzt der Flug gebucht.

Start: 27.April 2015

Es steht fest und kann jetzt nur noch durch unkalkulierbare Ereignisse über den Haufen geworfen werden, die wir uns natürlich beide nicht wünschen. Wir sind beide ziemlich aufgeregt und verbringen den Rest des Tages und die halbe Nacht gemeinsam vor dem Computer. Ich muss mir alles ansehen und anhören, was Jacek schon an Informationen vorab in den letzten Wochen gesammelt hat. Ich erfahre etwas über Rucksack-Größe, Packlisten, Gewichtsminimierung, Funktionsunterwäsche, Wanderschuhe und Wetterverhältnisse. Mir wird bewusst, wie intensiv sich mein Mann in den vergangenen Wochen mit seinem Traum auseinander gesetzt hat, ohne mich damit allzu sehr zu konfrontieren und zu seinen Gunsten zu beeinflussen.

Letztendlich ist dieses Jahr doch perfekt. Wir haben immer schon unsere Prioritäten gut verteilt. In einem Jahr ein großer gemeinsamer Urlaub, im nächsten Jahr eher die Erledigung von Notwendigkeiten am Haus oder die Erfüllung größerer Wünsche für jeden von uns. Da wir uns im Jahr 2014 den langgeträumten gemeinsamen Wunsch erfüllt haben, mit einem roten Mustang 4 Wochen lang den Westen Amerikas zu erleben, ist dieses Jahr mal wieder ein Jahr der eher persönlichen Wünsche. Das Haus wünscht sich in diesem Jahr nichts, und so sind wir eben mal wieder dran. Dass sich das nicht immer gerecht aufteilt, haben wir nach fast 25 gemeinsamen Jahren gelernt und noch nie als problematisch empfunden. Auch ich hatte in der Vergangenheit meine Jahre für Wünsche.

Als ich in dieser Nacht endlich ins Bett gehe, verfolgt mich die Packliste und beschert mir einen eher unruhigen Restschlaf!

3. Kapitel

Wie wir uns vorbereiten

November 14

Nach all den gründlichen Recherchen, die mein Mann im Laufe der letzten Wochen anscheinend schon gemacht hat, sind jetzt als erstes die Schuhe dran. Sofort werden einen ganzen Nachmittag lang mehrere Geschäfte abgeklappert, mit Beratern Gespräche geführt und Schuhe anprobiert. Endlich sind welche gefunden, die anscheinend sitzen wie angegossen.

Die werden dann nicht gekauft, weil sie im Geschäft ja viel zu teuer sind, sondern zuhause via Internet geordert. Erstaunlicher Weise sind diese dann anscheinend kleiner als die anprobierten. Also retour schicken, was immer meine Aufgabe ist und neu bestellt in einer halben Nummer größer. Aber auch die scheinen nicht gut zu sein, da der Zeh immer noch anstößt!

Da ich für diese Art Diskussionen und Gejammer nur begrenzt aufnahmefähig bin, gehe ich mit Logik an die Sache heran. „Die Schuhe im Geschäft waren gut? Dann würde ich die 40E mehr investieren, denn die Schuhe sind doch wohl das Wichtigste." Gesagt, getan. Diese Entscheidung war die beste von allen. Denn seit November nun macht Jacek fast jede Woche Wandertouren von etwa 20 Kilometern in der Umgebung und hatte kein einziges Mal Probleme mit den Füßen.

Von jetzt an wird es wirklich ernst. Es vergeht nahezu kein Tag mehr, an dem ich nicht auf die eine oder andere Weise in die Planung einbezogen werde. Ich werde informiert über Sockenqualitäten, Schlafsackgewichte, Rucksackvolumina und atmungsaktive Qualitäten von Merino-Wolle. Ich hätte nie gedacht, dass mich das mal interessiert, aber ich lerne während dieser Wochen tatsächlich eine ganze Menge.

Da ich langsam den Überblick verliere, kommt eine meiner Qualitäten zum Einsatz: Listen machen, Überblick behalten. So kommt man zum Schluss nicht in zeitliche Bedrängnis und hat hinterher auch alles dabei.

Wir liegen auch nicht mehr auf dem Sofa und schauen gemeinsam Filme, sondern wir sitzen zusammen vor dem Computer und schauen Video-Tagebücher anderer Pilger. Jacek kriegt nicht genug. Aber ich denke immer, warum machen die das bloß, diese Quälerei?

Da mich diese Frage interessiert und ich von Kind an eine große Leseratte bin, komme ich nebenbei relativ schnell auf eine Reihe von Büchern, die von Pilgern über ihre Erfahrungen geschrieben worden sind. Da ich mich nicht entscheiden kann, bestelle ich gleich 5 Stück. Mein Mann überredet mich, es endlich mit Kindl zu versuchen, weil die Bücher dort doch um einiges günstiger zu erstehen sind. Schon wieder etwas Neues für mich.

Ich weiß es jetzt noch nicht, aber bis zum April des nächsten Jahres werde ich keine anderen Bücher mehr in die Hand nehmen und bis dahin letztendlich 15 Pilgerberichte verschlungen haben (s. Anhang).

Dezember 14

Während der Adventszeit überrascht Jacek mich eines Abends dann mit einem Film, den er entdeckt hat. „DER WEG", mit Martin Sheen. Er spielt einen Vater, der den Jakobs-Weg für seinen verstorbenen Sohn geht.

Bis zum Aufbruch Ende April wird der Film noch 3x bei uns auf dem Programm stehen, einmal gemeinsam mit unseren engsten Freunden Ludger und Claudia. Es ist jedes Mal ein emotionales Ereignis mit Taschentuch-Alarm. Einfach zum Heulen schön!

Dieser Film hat aber auch noch etwas anderes bewirkt. Er hat mir gezeigt und ich habe endlich verstanden, dass für viele hinter dem Pilgern mehr steckt als nur die körperliche Herausforderung. Es ist die Zeit, die man für sich selber hat und mit sich selber verbringt. Ich weiß aus eigener Erfahrung, dass nichts so schwierig ist, wie sich selbst kennenzulernen. Sich zu akzeptieren wie man ist, oder sich zu ändern, wenn einem der Mensch, den man da sieht, gar nicht gefällt.

....und nicht zu vergessen, ich habe dann ja auch eine lange Zeit nur mit mir selbst als Gesprächspartner und täglichem Begleiter. Da wird sicherlich auch einiges passieren.

Ansonsten ist in diesem Monat der Rucksack das Hauptthema. Ich bin mit dem Zählen nicht mehr nachgekommen, in wie vielen Geschäften Jacek gewesen ist um sich zu informieren und beraten zu lassen. Welche Größe, welche Befestigungen, welche Ösen, welche Zusatztaschen und Reißverschlüsse um alles sinnvoll zu verstauen, leicht zu tragen und jederzeit gut zu erreichen. Gekauft wird in diesem Monat nicht mehr. Schließlich ist das eine Entscheidung, die gravierend für die Bequemlichkeit auf dem Weg ist. Wenn man da überhaupt von Bequemlichkeit reden kann, denke ich so im Stillen bei mir!

Aber ein Pilgerführer wird gekauft. Von Raimund Joos „"Spanien: Jakobsweg Camino francés". Dieser gilt als der beste von allen. Er beschreibt die Streckenführung, informiert über Herbergen und Sehenswürdigkeiten, und liefert allgemein eine Menge von Hinweisen und Hilfestellungen für den Pilger, den man in Spanien übrigens Peregrino nennt.

Wissen muss man dazu, dass es in Nordspanien zwei traditionelle Pilgerwege gibt. Einmal der „Camino norte", der komplett an der Atlantikküste entlang läuft und als der schwierigere von beiden gilt, da er immer wieder größere Höhen-Unterschiede zu überwinden hat. Zum zweiten der „Camino francés", der eben im französischen SJPDP in den Pyrenäen beginnt und quer durch die spanischen Provinzen Navarra, Rioja, Kastilien und Galizien nach Santiago de Compostela führt. Dieser wird allgemein als der historische Pilgerweg angesehen und daher von vielen Pilgern bevorzugt. Aber auch dieser Weg ist keinesfalls eben und bequem! Auf ca. 800 km Länge sind auch hier eine Menge Herausforderungen zu bewältigen.

Zu Weihnachten gibt es dann noch eine schöne Überraschung von unseren Freunden Ludger und Claudia, mit denen wir schon seit Jahren gemeinsam unser Weihnachtsfest feiern und genießen. Mein Mann bekommt eine wunderschöne Kette mit einer bronzenen Jakobsmuschel an einem Lederband und ein Lederarmband, in das eine Jakobsmuschel aus Elfenbein eingeflochten ist. Und ganz liebevoll erhalte auch ich ein Armband aus kleinen schwarzen Glasperlen, an dem eine kleine silberne Jakobsmuschel baumelt! Das soll ich tragen, wenn Jacek auf dem Weg ist, damit ich immer mit ihm verbunden bin. Ach, sind das tolle Geschenke für uns beide, die so richtig von Herzen kommen!

Januar 15

Das neue Jahr ist angebrochen und damit ist die Zeit der Recherche vorbei. Jetzt wird eingekauft, denn es ist die Zeit des Ausverkaufs und der Schnäppchen!

Der Rucksack kommt von VAUDE und hat 42+8 Liter Inhalt. Jacek ist sich sicher, dass das Volumen ausreicht. Er will keinesfalls mehr wie 10 Kilo Gepäck mitnehmen. Ein Regenponcho und der Schlafsack kommen über Amazon. Letzterer ist zusammengerollt nicht größer wie eine

Honigmelone und wiegt nur 730g. Der Poncho ist auch nicht voluminöser.

Ich staune nur noch. Bei mehreren Shopping –Touren in Outdoor-Läden kommen dann noch Merino-Unterhemden mit langem und kurzem Arm und Merino-Unterhosen auch in lang und kurz dazu. Außerdem gute Handschuhe. Auf den nordspanischen Hochebenen kann auch im Mai noch ein empfindlich kalter Wind wehen, lerne auch ich bei lesen meiner ausgewählten Reiseberichte.

Für die Jacke bedarf es mehrerer Anläufe. Hier ist die Auswahl riesig und schließlich muss sie unterschiedlichen klimatischen Bedingungen gewachsen sein. Am Ende wird es eine sogenannte Softshell-Jacke, die sehr dünn ist, aber aufgrund ihres Aufbaus aus mehreren unterschiedlichen Schichten warm und trocken halten soll. Trainingswanderungen im verschneiten Pfälzer Wald bestätigen die Tauglichkeit der Jacke. Ein Langarm-Zipper-Pulli und 3 Paar Merino-Socken in unterschiedlichen Stärken vervollständigen den Einkauf in diesem Monat.

Farbmäßig bleibt es bei Schwarz und Grautönen, nur die Zipper dürfen etwas farbigen Pepp in die Bekleidung bringen. Ich habe bezüglich der unauffälligen Farben so meine Bedenken. Wenn der in irgendeine Spalte fällt oder sich im Wald verirrt, dann findet den keiner mehr wieder!

In Amerika hatte Jacek sich eine dünne Wanderhose mit abtrennbaren Beinen gekauft und einen guten Hut mit Lüftung. Außerdem nimmt er eine ganz dünne Mütze mit, die ihm unterm Fahr-radhelm schon sehr gute Dienste geleistet hat, sowie eine Base-Cap. Diese ist hilfreich wenn es regnet. Unter der Poncho-Kapuze getragen hält sie die Sicht frei und den Regen vom Gesicht fern. Außerdem ist sie ein heißgeliebtes Assessoire wenn die Freizeit ansteht und eine Bodega ruft!

Unser Gästezimmer wird zum Packraum um-funktioniert und nach und nach entwickelt sich ein Zustand des geordneten Chaos. Jacek findet es geordnet, ich finde es chaotisch......

Um die Übersicht nicht zu verlieren, mache ich jetzt mal wieder eine von meinen unvermeid-lichen Listen. Alles Vorhandene wird erfasst und bei einer Flasche Wein erörtern wir, was noch fehlt und fügen es der Liste zu.

Einen ganz wichtigen Teil der Ausrüstung steuere ich im Januar noch bei. Vom Weih-nachtsmenü haben wir einige schöne Jakobsmu-schel-Schalen aufgehoben. Die hat jeder echte Peregrino als Hinweis auf seine Pilgerschaft au-ßen am Rucksack hängen. Mein Mann zerbricht sich den Kopf, wie er ein Loch rein bekommt, denn ich habe gelesen, sie sind sehr spröde und brechen leicht. Ich habe die Idee, die Schalen mit zu meiner „Nagel-Fee" zu nehmen. Die liebe Pet-ra kümmert sich schon seit mehr als 10 Jahren hingebungsvoll darum, aus meinen Fingernägeln immer wieder kleine Kunstwerke zu machen. Da-für hat sie in ihrem Studio eine Menge Ausrüs-tung und eben auch ganz kleine und feine Bohrer. Es dauert sage und schreibe 10 Minuten, um in die widerspenstige Muschelschale ein Loch zu bohren, aber sie schafft es! Danke, liebe Petra für deinen Anteil am Gelingen!

Februar 15

Jetzt geht es langsam in die Details und wir sind immer wieder zusammen aufgeregt. Mal gehen wir gemeinsam in ein Outdoor –Geschäft. Jacek kauft Karabiner-Haken und ich einen Göffel. Das ist so ein ausgestanztes und geformtes Stück Plastik, das an einem Ende Löffel und am anderen Gabel ist. Eine Zinke ist an der Seite noch gezähnt, was als leichtes Messer durchgehen kann. Wiegt gerade mal ein paar Gramm. Soll aber nicht ewig haltbar sein, wie wir im Internet hinterher lesen. Aber mein Mann wird eh sein Schweizer Messer einpacken, egal was das Ding auch wiegt. Also ist er für Dosengerichte unterwegs wohl gut gerüstet.

Er findet einen kleinen Anhänger für den Rucksack, der Kompass und Lämpchen kombiniert. Ist eher ein Gag, da eine Kopflampe und das iPhone sicherlich besseres Licht liefern, wenn es mal stockdunkel auf dem Weg sein sollte.

In diesem Geschäft macht sich Jacek dann auch zum ersten Mal Gedanken über Wanderstöcke. Hier und da zwickt sein Knie und bei meinen literarischen Recherchen in den Berichten anderer Pilger habe ich gelesen, das Stöcke da eine enorme Hilfe sein sollen. Aber diese hier sind ihm zu teuer und spontan kauft er ja eh nichts. Zuhause erst mal ausgiebig informieren. Es ist ja noch Zeit.

Da ein guter Schlaf von Ruhe und dem richtigen Kopfkissen abhängen, kaufe ich ein Paar flexible Ohrstöpsel. Außerdem fabrizieren wir aus einem kleinen Kissenbezug von 30 x 30 cm und Resten von Füllmaterial ein kleines und leichtes Kopfkissen, das sicherlich bei vielerlei Einsatzmöglichkeiten auf dem Camino genutzt werden wird. Man kann nicht nur sein Haupt drauf betten, sondern auch drauf sitzen, wenn die Steinmauer zu kalt sein sollte!

Zu guter Letzt in diesem Monat fange ich an, mir Gedanken zu machen, was alles so in den Hygiene-Beutel muss. Kleine Tuben Zahnpasta, Zahnbürste, Rasierseife, Deo und Gesichtscreme. Nagel-Knipser und Rasierer dürfen nicht fehlen. Duschgel wird auch zum Wäschewaschen eingeplant. Wäsche-Klammern für die gewaschene Wäsche sind sinnvoll, da manchmal ein ziemlicher Wind wehen kann. Da diese, laut meinen gelesenen Informationen, an vielen Wäscheleinen plötzlich Füße bekommen und verschwinden, schreibe ich auf alle mit einem Permanent-Stift Jaceks Namen. Noch ein Mini-Nähset und zwei Sicherheitsnadeln für alle Fälle und wir sind mit dem Ergebnis zufrieden.

März 15

Eine Information der Fluggesellschaft erscheint auf dem Computer. Der Flug ist von 11.15 Uhr auf 14.45 Uhr verlegt worden. Eine Stunde

Flug nach Biarritz, Straßenbahn zum Bahnhof und der letzte Zug nach SJPDP um 18.06 Uhr. Fahrtzeit 1 Stunde 18 Minuten. Da wird es also mindestens 19.30 Uhr sein, wenn Jacek in SJPDP ankommt. Ich bin etwas beunruhigt, ob zu dieser Zeit noch Plätze in den Herbergen frei sind. Obwohl mein Mann da keine großen Bedenken hat, bucht er doch für diese erste Nacht ein Bett vor, nur damit ich meine Ruhe habe.

Außerdem kann ich ihn davon überzeugen, sich schon jetzt per Post einen Pilgerpass, den sogenannten „Credential", schicken zu lassen. Wer weiß, ob die Geschäfte noch geöffnet haben, wenn er in SJPDP ankommt. Und der Stempel aus seiner ersten Herberge muss doch unbedingt drin sein!

Dann entdeckt Jacek die Camino-App für`s iPhone. Der ganze Weg ist darauf verzeichnet und kann auch offline genutzt werden. Wichtig ist die GPS-Unterstützung für diese App. Also kann er während des Laufens sehen, ob er dem richtigen Weg folgt, oder die Richtung verloren hat.

Der Rucksack wird in diesem Monat mit den letzten noch fehlenden Utensilien gefüllt. Mikrofaser-Handtücher in groß und 2x klein und ein Schal speziell für Sportler, der auch Kopf und Gesicht schützen kann. Auch eine superleichte Isomatte wird nach viel Für und Wider doch noch angeschafft. Es scheinen wohl nicht in allen Herbergen wünschenswert gute hygienische Verhältnisse in den Betten zu herrschen. Da hilft dann die Isomatte, um Abstand zu schaffen. Zusätzlich isoliert sie das empfindliche Hinterteil, wenn an kalten Tagen mal eine Pause nötig ist. Endlich fällt auch die Entscheidung für die Stöcke. Sie sind von LEKI, aus Aluminium mit Anti-Shock-System. Sie werden gleich bei der nächsten Berg- und Tal-Wanderung ausprobiert und erfüllen ihre gewünschte Unterstützung für die Knie-Gelenke vorbildlich.

Am 21.03. fährt Jacek nach Speyer. Im Internet hatte er die Info entdeckt, das dort ein Pilger-Treffen stattfinden soll. Es gab etliche Anmeldungen, aber nur 3 Leute sind letztendlich da. Trotzdem ist der Austausch wohl nützlich und informativ und es gibt den ersten Stempel im Credential.

Ende März sind wir noch ein paar Tage in Alkmaar in Holland. Ein langes Wochenende für uns zwei muss doch noch sein, bevor das Abenteuer beginnt. Hier entdeckt Jacek in einem Outdoor-Laden noch eine pfiffige Lampe. Diese sieht in etwa aus wie ein riesiges Spermium. Das lange Ende ist in jede mögliche Form zu bringen und hält diese dann auch. Somit kann man sie stellen, hängen oder um irgend etwas herumwickeln. Sicherlich mal nützlich, wenn in den Herbergen das Licht ausgeht. Ich finde eine superleichte Quetschflasche, die das Lieblings-Shampoo meines Mannes aufzunehmen kann, auf das er keinesfalls verzichten will.

Nachdem nun offenbar alles gekauft ist, wird der gesamte Rucksack-Inhalt ausgebreitet und fotografiert. Gepackt bringt er knapp 9 Kilo auf die Waage. Das ist eigentlich ein Super-Gewicht. Alles unter 10 Kilo gilt als akzeptabel, obwohl ganz strenge Outdoor-Wanderer immer wieder sagen, „nicht mehr als 10% deines Körpergewichts!"

Mit den Bildern des Rucksackinhalts gehen wir an diesem Abend gemeinsam zum chatten in Facebook. Für mich das erste Mal, das ich überhaupt auf dieser Plattform bin! Es entwickelt sich ein reges Gespräch mit anderen Pilgern. Zum guten Schluss waren es 64! Aber nur ca. 10 haben sich auf eine intensivere Diskussion eingelassen. Letztendlich bin ich diejenige die schreibt. Wenn es schnell gehen muss, geht mir meine Muttersprache eben rascher von der Hand. Es wurden Fragen diskutiert wie: Braucht man Stöcke, oder braucht man eine extra Hose für die freien Stunden? Spannend war die Frage: „Wofür braucht ein Mann einen Pinsel?" Natürlich zum Rasieren! „Aber warum muss man sich den beim Pilgern rasieren?".....Jaaa, die diskutierten Probleme waren wirklich mannigfaltig!

Richtig hilfreich war wirklich der Tipp eines Pilger-Profis, der empfahl, die zusätzlichen leichten Sportschuhe durch Wandersandalen mit einer simplen Gummisohle zu ersetzen. Diese eignen sich auch für`s duschen und können zur Not bei einer Blase am Fuß für einen Tag die Wanderschuhe ersetzen und den Fuß atmen lassen. Dieser Tipp wurde gleich am nächsten Tag realisiert und auch einiges andere überdacht. Nach diesen Änderungen sind es dann nur noch 8,2 Kilo, die jetzt wohl so langsam das finale Gewicht des Rucksacks sein werden.

Während dieses Monats beginnt Jacek auch, vielerlei Aktivitäten in Haus und Garten zu entfalten. Das Badezimmer wird gestrichen und der Fliesenboden im Erdgeschoss geschrubbt. Erste Gartenarbeiten werden erledigt und der Zaun von allem Bewuchs befreit, weil er dringend mal wieder gestrichen werden muss. Auf meine verwunderte Frage, warum das alles jetzt noch gemacht werden muss, erhalte ich die Antwort: „Ich will alles erledigt haben, damit mein Kopf auf meinem Weg völlig frei ist und mich nichts anderes beschäftigt." Tja, das nenne ich konsequente Vorbereitung!

April 15

Jetzt wird es so langsam definitiv ernst. Wir fangen an, die Tage zu zählen, die uns bis zum Start noch bleiben. Jacek kriegt Angst vor seiner eigenen Courage und ich habe Bauchgrummeln, wenn ich an die lange Zeit alleine zuhause denke.

Unter dem Aspekt, alles was ihn belasten könnte vorher noch zu erledigen, schmeißt mein Mann seinen Stolz über Bord, ruft seine Schwester in London an und spricht sich mit ihr aus. Vor fast 2 Jahren haben die beiden sich in einem Streit überworfen und seither kein Wort mehr miteinander geredet. Über diesen Schritt bin auch ich sehr froh, Ich kann solche Disharmonien nur ganz schwer ertragen, aber habe mich in diesem Fall nie eingemischt. Jetzt ist hoffentlich alles wieder im reinen.

In Haus und Garten wird noch ein tropfender Wasserhahn repariert, der Gartenzaun gestrichen und gemeinsam mit mir, wie jedes Jahr, Garten und Terrasse üppig mit Sommerblumen verschönert.

Damit ist aber auch wirklich alles getan und Jacek nutzt die Zeit in diesem Monat, um sich intensiver auf den Weg vorzubereiten. Ab dem 10. läuft er alle 2-3 Tage zwischen 15 und 20 Kilometer, jetzt mit dem gepackten Rucksack. Mit Gewicht ist es dann doch nicht mehr ganz so easy! Einmal schmerzt das Knie für einen Tag, ein anderes Mal gibt es eine Muskelzerrung im Oberschenkel. Hier vermute ich, zu leicht angezogen für die Temperaturen. Jacek lernt daraus gleich. Die Kühle am Morgen nicht unterschätzen! Man kann besser im Laufe des Vormittags Sachen ausziehen, wenn es zu warm wird. Aber sich wärmer anziehen, wenn die Zerrung schon da ist, nützt nichts mehr. Auf alle Fälle landet aufgrund dieser Erfahrung eine kleine Tube Voltaren-Creme im Rucksack, sowie Tape und eine Knie-Bandage. Ich hätte ihm lieber Pferdesalbe mit gegeben. Schließlich hilft das sogar den Gäulen! Aber Jacek hat kein Vertrauen dazu. Was spricht denn bloß degegen?

Ich werde jetzt in die Geheimnisse des Skypens eingeweiht und wir üben das ein bisschen. So können wir uns, wenn auf dem Camino WLAN verfügbar ist, wenigstens sehen, wenn wir miteinander sprechen. Auch überlegen wir uns, wie wir Bilder am besten übermitteln und damit so schnell wie möglich sichern. Man weiß ja nie, was alles so passieren kann unterwegs. Jacek wird meine kleine Nikon mitnehmen und die große Speicherkarte aus seiner Spiegelreflex-Kamera. Bilder vom Handy werden jeden Abend per WHAT´S APP (WApp) zu mir geschickt, damit ich sie gleich unter dem jeweiligen Tag im Jakobs-weg-Ordner abspeichern kann. So bin ich jeden Tag involviert und habe meinen eigenen Kontakt mit dem Camino. Außerdem kann ich später die Bilder der Kamera besser zuordnen, denn schließ-lich soll von diesem Lebens-Ereignis auch noch ein toller Bildband entstehen als bleibende Erin-nerung.

Ab Mitte April verfolgen wir dann auch per Wetter-App die Prognosen in verschiedenen Or-ten auf dem Camino. Pamplona, Burgos oder Leon....es ist wirklich ein weiter Weg und sehr un-terschiedliches Wetter. Das wird noch spannend unterwegs!

17.04.: Es ist Freitagnachmittag und das vor-letzte Wochenende vor dem Start ins Abenteuer bricht an. Heute bewährt sich nun meine gründ-lich geführte Liste über den notwendigen Inhalt des Rucksacks. Ich gebe Punkt für Punkt vor und von Jacek werden die aufgeführten Dinge richtig im Rucksack verstaut. Dabei diskutieren wir bei einzelnen Dingen nochmal das Für und Wider, damit die Entscheidung auch wirklich durchdacht ist. Der Rucksack ist keinesfalls prall gefüllt und das Gewicht liegt nun bei 8,5 Kilo ohne Wasser und Verpflegung. Das ist sehr akzeptabel.

19.04.: Gestern habe ich den Rucksack und die Jacke mit kleinen Deutschlandfahnen benäht. Auch die Schuhe, die Wäsche und die Shirts sollen noch mit einem kleinen roten Kreuz markiert werden. Sicher ist sicher. Man weiß nie, was in den Herbergen so alles passieren kann und mit der Markierung sind die eigenen Sachen immer zu identifizieren. Ich danke Gott, dass ich mit einer Nähmaschine umgehen kann!

20.04.: Den Abend haben wir nochmal gemeinsam gemütlich vor dem Computer verbracht und die Pilgerreise von Aga Ciesielska verfolgt, einer Polin, die Juni/Juli 2014 gelaufen ist und dies wunderbar verfilmt hat.

Noch 2 weitere Pilgervideos zeigen den Camino im Mai 2013 + 14 und es schneit, stürmt, regnet und windet. Die Wetterprognose für die nächste Woche lässt ähnliches erwarten. Jetzt akzeptiert mein Mann endlich, dass seine heiß geliebte kurze Sommerhose wohl doch nicht den Weg in den Rucksack finden wird. Es macht mehr Sinn, neben der leichten Wanderhose, deren Beine man auch kürzen kann, noch die dickere Wanderhose von Löffler mitzunehmen, bei der eine gute Wärmedämmung eingearbeitet ist. Das Rucksackgewicht wird dadurch sogar etwas verringert, da die leichte Wanderhose jetzt die ziemlich schwere kurze Hose ersetzt und die dickere Wanderhose erst mal am Mann ist. Endlich! Ich stand mit diesem Vorschlag bei unseren Diskussionen lange Zeit auf verlorenem Posten, aber

letztendlich siegt auch bei Jacek die vernunftge-
steuerte Logik!

25. und 26.04.: Das unwiderruflich letzte
Wochenende für uns! Ich komme am Freitag von
einer Tagung zurück nach Hause und finde meinen Mann ziemlich aufgeregt und unsicher. Die
Oberschenkelzerrung, die er sich beim Wandern
in der ersten Monatshälfte zugezogen hat, wollte
sich partout nicht bessern. Also ist er dann letztendlich in dieser letzten, möglichen Woche doch
noch zum Arzt und zum Physiotherapeuten gegangen. Dabei stellte sich die vermeintliche Zerrung leider als kleiner Muskelfaserriss heraus.
Zum Glück hat ihm der Therapeut noch einige gute Tipps gegeben über das richtige Lauf-Verhalten
in dieser Situation und hat ihn versorgt mit Tape
und medizinischem Massageöl für den lädierten
Muskel. Ich sage dazu, besser vorher als erst auf
dem Camino. Jetzt weiß er wenigstens was zu tun
ist. Aber mein Mann hat jetzt Angst, dass die
Schmerzen ihn während des gesamten Weges
begleiten und macht ziemlich auf wehleidig. Ich
glaube, der möchte nur noch einmal ein bisschen
umsorgt werden!

Unser alter, kleiner Foto-Apparat liefert
schon seit Monaten immer schlechtere Bilder, so
dass wir uns auf den allerletzten Drücker ent-
schließen, doch noch Geld in eine neue Kamera
zu investieren. Obwohl ich tief im Innern denke,
das Handy würde für die Fotos doch total rei-
chen, will mein Mann eine zweite Möglichkeit mit
dabei haben. Die Investition hätte ich gerne ver-

mieden, aber eventuell keine Bilder vom Weg zu haben ist auch keine akzeptable Alternative.

Jetzt wird endgültig der Rucksack gepackt, wieder ausgepackt, reorganisiert, aussortiert und wieder gepackt. Ich muss die Jakobsmuschel-Plakette neu ans Armband nähen, weil sie abgefallen ist. Außerdem will er einen Spruch von mir in seine Muschel geschrieben haben, die am Rucksack hängt:

Habe Spaß!
Bleibe gesund!
Komme gerne zurück!

Ein letztes Mal koche ich ein leckeres deutsches Sonntagsessen. Mein Mann hat sich Rouladen gewünscht und die verdrückt er mit so großem Appetit, als gäbe es jetzt 6 Wochen nichts mehr zu essen. Naja, kann ja sein!

4. Kapitel

Der Weg beginnt!

4.1. 27.04.: Von Zuhause nach SJPDP

Wir hatten beide eine schlechte Nacht. 7.30 Uhr aufstehen, Schnitzel braten, Tagesverpflegung vorbereiten. Rucksack ins Auto, nix vergessen? 10.30 Uhr Abfahrt zum Flughafen in Straßburg. Auf der Fahrt läuft mindestens 10 mal das Lied „Wolke 4" von Philipp Dittberner, das Jacek mir unbedingt ans Herz legen will bevor er geht.

Am Flughafen verpacken wir den Rucksack noch in Frischhaltefolie, damit keine Bändsel raushängen. In der Schlange sind schon einige andere Rucksackträger zu sehen. Wir sitzen nicht mehr lange miteinander herum, weil uns beiden die Augen überlaufen. Als ich zum Auto gehe, rennt Jacek nochmal hinter mir her und ruft mir quer über den Parkplatz ein letztes „ich liebe dich" hinterher.

Ich fahre nach Hause und bin nach dem Stress der letzten Tage einfach nur erschöpft. Aber ich bin noch nicht mal richtig angekommen, da werde ich schon per WApp über den Reiseverlauf informiert! Flugzeug, Bus und Bahn waren pünktlich und unsere Planung war perfekt. Die Herberge ist auch gefunden. Aber die ist teuer. 24 €, zwar mit Frühstück, aber in SJPDP hast du eben wenig Alternativen. Die ersten Kontakte sind geknüpft und das Wetter ist besser, als die

spanische Wetter-App „eltiempo" es vorherge-
sagt hat. Wenigstens heute kein Regen.

Jacek hält mich nahezu stündlich auf dem
Laufenden und ich komme mir fast vor wie ein
frisch verliebtes Mädchen. Bei jedem „PING" vom
Telefon muss ich gleich gucken und habe es darum immer dicht bei mir!

4.2. 28.04.: JSPDP bis Roncevalles

Schon vor 6 Uhr weckt mich das PING. Na,
das kann ja heiter werden! Wenn ich in Ruhe
schlafen will, dann muss ich dran denken, abends
den Ton abzuschalten!

Um 7 Uhr ist er auf der ersten Etappe. Und
trotz aller Befürchtungen und Vorhersagen ist das
Wetter in den Pyrenäen zwar kalt, aber nur be-
wölkt, ohne Regen.

Ich bin an diesem Tag zu einer Tagung in
Speyer. Am späten Nachmittag besichtigen wir
den Speyrer Dom, der schon seit vielen hundert
Jahren ein wichtiger Startpunkt für Pilger nach
Compostela ist. Ich denke an meinen Mann und
zünde eine Kerze für ihn an.

Er hat es heute wirklich bis Roncevalles geschafft. 27 km, die selbst für ihn, dem Bergtouren
eigentlich keine Angst machen, sehr schwer gewesen sind. Vor allem bergab war schwierig, Fuß-
sohlen schmerzen und das linke Knie zwickt, zusätzlich zum lädierten Oberschenkelmuskel. Die
Herberge ist sauber, kostet 12 € und das Pilgermenü 8 €. An die Qualität muss er sich allerdings
erst noch gewöhnen. Heute war es wohl schreck-

lich. Na, da weiß er wenigstens, was er hier zu Hause hat!

Es sind noch alle Bilder vom Handy bei mir angekommen. Ich werde diese täglich archivieren, damit wir eine gute Tageszuordnung haben.

Außerdem schreibt er tatsächlich die Gedanken seines Tages abends in ein kleines Buch, das er sich gekauft hat. Das hätte ich als letztes erwartet!

4.3. 29.04.: Roncevalles bis Galar

Schon um 7 Uhr Abmarsch Richtung Zubiri. Temperatur unter 10 Grad, aber trocken und sonnig.

Ich bin immer noch bei der Tagung und checke in der Pause mal kurz die CaminoApp, um die Etappe zu verfolgen. Da ploppt gleich die Info auf: „ungelesene Nachricht". Öffnen: „Neue Herberge in Zubiri eröffnet", mit Adresse. Ich gebe diese Nachricht gleich per WApp an meinen Mann weiter. Er ist schon vor Mittag in Zubiri angekommen und macht dort eine lange Pause, weil das Knie so schmerzt. Entgegen alle Vernunft geht er am Nachmittag aber doch noch weiter und pausiert erst in Galar. Die heutigen Wander-Gesellen waren nett, und da hat es ihn mitgezogen. 27,5 km heute. Die Unterkunft ist privat und kostet 11 €, aber dafür ist es kein Massen-Schlafsaal!

Was sich schon jetzt abzeichnet, ist die Qualität und Sauberkeit der Herbergen. Was noch bei Hape Kerkeling im Jahr 2001 wohl eher ein Glücksfall war, scheint nun die Regel zu sein. Die

Betten sind frisch gemacht und Waschräume, Toiletten und Schlafräume sind sauber. Da haben die Spanier im Laufe der letzten Jahre doch gelernt, das ein Pilger auch nur ein Tourist in ihrem Lande ist. Zum einen hat sich die Anzahl der Übernachtungsmöglichkeiten dramatisch erhöht. Zum anderen kann für ein sauberes Plätzchen und ein bisschen netten Service schon mal ein paar mehr Euro verlangt werden. Das mit dem Service klappt zwar noch nicht immer, aber eine deutliche Entwicklung gegenüber den etwas älteren Reiseberichten ist definitiv zu sehen.

Damit besiegelt der heutige Tag auch das frühe Ende der Isomatte. Diese sperrige Teil weiter mit zu schleppen macht in Jaceks Augen keinen Sinn. Man könnte mit all den zurück gelassenen Matten in den Herbergen der ersten Etappen wahrscheinlich einen lukrativen Handel auf ziehen. Aber hier sind einfach keine Kunden dafür!

4.4. 30.04.: Galar bis Pamplona

Heute tut es ihm leid, dass er gestern nicht auf sein Knie gehört hat. Es schmerzt und er läuft wirklich nur bis Pamplona. Ca. 15 km bis in die Innenstadt. Dort will er morgen einen Ruhetag einlegen und von da an alleine weiterlaufen in seinem eigenen Tempo.

Ich habe heute einen Tag Urlaub und muss zu Hause erst mal klar Schiff machen. Ist schon erstaunlich was so zusätzlich anfällt, wenn man alles alleine machen muss. Vom Katzenklo bis zum Blumengießen draußen darf ich nichts vergessen!

Kochen macht für mich alleine allerdings keinen Spaß.

4.5. 01.05.: Pamplona bis Cirauqui

Weil es in Pamplona anscheinend stinkt und ihm die Großstadt gar nicht genehm ist, läuft mein Mann heute morgen doch weiter. Er will eine kurze Tour machen und wenigstens aus der Stadt raus. Was er nicht bedacht hat, auch in Spanien ist ein Feiertag. Da machen auch die Spanier hier und da kleine Spaziergänge! Im ersten Dorf sind alle Herbergen belegt. Im zweiten Dorf sind alle Herbergen belegt! Im dritten Dorf sind alle Herbergen belegt, aber der Hospitalero (Herbergsleiter) dort ist wenigstens so nett, im nächsten Dorf anzurufen und in der dortigen Herberge noch ein freies Bett zu ergattern und zu reservieren. So wird aus einem kurzen Wandern aus Pamplona raus ein ungeplanter Gewaltmarsch von 37 km bis Cirauqui. Das war so nicht geplant und tut auch entsprechend weh im Knie.

Zu allem Überfluss ist heute auch noch das Wetter schlecht und der Poncho kommt zu seinem ersten Einsatz. Was mein Mann nicht ahnen kann, aber diese zwei Stunden Regen werden die einzigen sein auf seiner gesamten Reise. Es wird Wettermäßig ein außergewöhnlicher Frühsommer in Nord-Spanien. Wenn er das gewusst hätte, dann wären die 500g Poncho bestimmt zu Hause geblieben und er hätte diese zwei Stunden heute bei einem Glas Wein in einer Bodega verbracht!

Dafür überquert er heute aber die Anhöhe Sierra del Perdón (Berg der Läuterung) mit der berühmten eisernen Skulptur eines mittelalterlichen Pilgerzuges, der Wind und Regen trotzt. Wie passend ist das denn!

Selbst das Abendessen gestaltet sich schwierig. Entweder sind die Geschäfte zu, oder in den Restaurants schon alles reserviert. Letztendlich gibt es ein Pilgermenü in der Herberge, wo er am Anfang nicht gefragt hat....und auch noch richtig lecker und reichlich, Spagetti, Salat und Wein. Wie die Pilger-Weisheit zu berichten weiß: wenn du etwas brauchst, so bitte den Weg einfach darum. Hat sich auch hier wieder bewahrheitet!

Zur Feier des Tages ist dann am Abend im Ort große Fiesta, was alle Pilger gerne wahrnehmen! Es gibt auf dem Marktplatz eine Band, die ordentlich aufspielt und bis in den späten Abend hinein wird gemeinsam gefeiert, getanzt und getrunken.

4.6. 02.05.: Cirauqui bis Kloster Irache

Das Wetter ist wieder angenehm und die Umgebung erinnert an zuhause. Die Rapsfelder blühen und der Wein trägt die ersten Blätter. Aber ansonsten ist dieser Tag wohl eine einzige Quälerei. Stündlich bekomme ich Jammer-Meldungen über die Schmerzen im Knie. Am Kloster Irache macht er Pause, hat WLAN und ruft mich an. Ich spreche ein ernstes Machtwort und appelliere an seine Vernunft. Die Bilder vom Knie sehen schrecklich aus. Es ist dick angeschwollen. Hier ist jetzt Schluss und morgen muss eine Pause eingelegt werden! Bis hierher waren es schon wieder 21 km für heute. So wird das mit dem Knie nichts.

Jacek findet ein nettes kleines Hotel. Zimmer 45 € incl. Frühstück. Das ist nicht billig, aber muss jetzt sein. Mein Mann genießt das Zimmer für sich allein, das ist deutlich zu spüren. Noch ein umfangreicher Einkauf und der Tag ist gerettet. Es wird ausgiebig gebadet, das Knie verarztet und der Körper mit einer Flasche Wein von innen gekühlt!

Ich mache es mir zuhause auch gemütlich und wir schwatzen noch eine lange Zeit über WApp. Dabei diskutieren wir alle Alternativen, die er hat. Vielleicht eine Etappe den Bus nehmen, oder den Rucksack transportieren lassen. Wenn gar nichts mehr geht, dann nimmt man zur Not ein Taxi bis zur nächsten Herberge. Da wäre er nicht der Erste. Er ist froh, dass ich vorher so viel gelesen habe und hilfreiche Tipps aus der Ferne beisteuern kann. Es wird ein bisschen emotional auf seiner Seite. Aber ich glaube, daran ist der Wein etwas schuld. Trotzdem höre ich gerne, dass er mich vermisst!

Der Abend schließt mit einem Zitat von Shakespeare: „Und bist du auch fern, so bist du doch bei mir."

4.7. 03.05.: Irache

Die Pause in Irache wird gut genutzt. Erst hilft ein Einheimischer, den mein Mann nach der nächsten Apotheke gefragt hat. Er fährt ihn mit dem Auto durch die ganze Stadt, bis sie endlich eine offene Pharmacia gefunden haben. Es ist schließlich Sonntag und da ist meist alles geschlossen. Ordentlich mit Voltaren-Tabletten versorgt, genießt Jacek den Tag. Er schlendert durch den Ort, besucht den berühmten Weinbrunnen. Sicherlich ist das ein berühmter Stopp für viele Pilger. Aber wer in der Pfalz wohnt und gerne guten Wein trinkt, der sollte bei diesem Stopp keinen großen Becher voll zapfen! Schon der erste Schluck zieht einem alles zusammen. Nach meinem Mann kommt ein Russe mit zwei leeren Wasserflaschen an den Brunnen und zapft unverdrossen voll. Jacek sagt ihm, er soll doch lieber erst einmal probieren. Aber der gute Mann ist anscheinend hart im Nehmen. Verpflegung umsonst wird von einem Pilger einfach nicht verschmäht!

Danach besucht mein Mann eine Messe. Dort erwischt es ihn dann so richtig. Emotional völlig aufgewühlt, kommen ihm die Tränen einfach so! Aber auch das habe ich schon voraus gesagt. In jedem Pilger-Tagebuch steht, das auf dem Camino selbst der härteste Typ irgendwann mal weint.

Den Rest des Tages verbringt er mit Schlafen, ein Bierchen zischen und das Knie verarzten. Die Schwellung geht gut zurück. Morgen will er definitiv wieder weiter laufen, auch mit Rucksack. Allerdings nur eine kürzere Etappe bis kurz vor Logrono. Dort soll es eine gute Herberge geben.

Seine „Mit-Pilger" der ersten Woche hat er jetzt erst einmal aus den Augen verloren. Vielleicht ganz gut so, da kann er ein anderes Tempo versuchen. Außerdem ist das immer auch die Chance, neue Kontakte zu knüpfen. Letztendlich ist doch jeder sich selbst der nächste. Das hat mein Mann in den letzten Tagen auch zu spüren bekommen. Wenn es nicht so gut geht, denkt jeder nur an sein eigenes Bett, das er am Abend braucht.

Das Wetter ist gut und „eltiempo" sagt für die nächsten Tage noch eine ordentliche Steigerung voraus.

4.8. 04.05.: Irache bis Sansol

Anscheinend ist alles gut gelaufen heute. Das Knie hat mitgespielt und es sind dann doch wieder 21 km geworden. Traumhafte Landschaft dort, die übermittelten Bilder sind toll. Ich habe immer wieder Spaß, wenn er für mich die Blumen am Wegesrand fotografiert.

Nach dem verlängerten freien Wochenende fängt auch für mich der Ernst des Lebens wieder an. Jetzt heißt es den Job und alles, was zu Hause zu erledigen ist, irgendwie unter einen Hut zu kriegen. Mir ist in der vergangenen Woche schon klar geworden, wie viel mehr Zeit es braucht, wenn ich alles selber machen muss. Da wird einem relativ schnell klar, wie groß die Arbeitsteilung im täglichen Leben doch eigentlich ist! Ein Fernseher bekommt kein Signal mehr und das Auto muss zur Werkstatt, weil die Scheibe gewechselt werden muss. Darum habe ich mich sonst nie kümmern müssen!

Ich bin am Abend total erledigt. Auch hier ist endlich so was Ähnliches wie Sommer. Ich sitze noch eine Weile auf der Terrasse, genieße ein Glas Wein und die Bilder der Kathedrale von Sansol, die einen mit ihrem Inneren einfach umhaut. Wir haben schon viele Kathedralen besichtigt, aber soviel Gold und Prunk in der Apsis rund um den Altar ist selten. Sowas erwartet man vielleicht in den großen und berühmten Kirchen des Mittelalters, aber bestimmt nicht in einem relativ unbekannten Ort in Nord-Spanien!

4.9. 05.05.: Sansol über Logrono bis Navarete

Jacek läuft jetzt seinen eigenen Rhythmus und alles ist gut. Endlich!

Er ist jetzt in der spanischen Provinz Rioja, die ziemlich klein, aber landschaftlich sehr schön ist. Heute ist er bis Logrono Zentrum gelaufen. Ziemlich langweilig, weil es am Flughafen entlang und ewig durch Industriegebiete geht. Dafür lohnt sich die Innenstadt und hier insbesondere wieder die Kathedrale. Wir haben da beide das gleiche Interesse. Wenn wir gemeinsam unterwegs sind, dann ziehen uns als erstes immer die Kirchen magisch an. Danach kommen gleich Schlösser, Burgen und Markthallen. Also betrachte ich die Fotos auch dieser Kathedrale gerne und bedaure, es nicht selber sehen zu können.

Nach der Mittagspause in Logrono nimmt mein Mann den Bus bis Navarete. Nochmal die gleiche langgezogene Langeweile wieder aus der

Stadt heraus will er sich und seinem Knie nicht antun. Dafür hat er in Navarete noch richtig viel Zeit zum Besichtigen. Auch hier ist es wieder die Kathedrale, die alle Rekorde bricht. Soviel Gold auf einem Haufen macht schlicht sprachlos!

Heute gönnt er sich zum Abend mal eine richtig gute Paella und den obligatorischen Rotwein dazu. Was auch sonst, mitten im Rioja-Gebiet! Danach würde er gerne noch in der Herberge ein wenig mit einigen Pilgern sitzen und quatschen, aber keiner sitzt im Garten. Er hätte so gerne erzählt, dass er morgen Geburtstag hat, damit wenigstens ein paar Leute ihn umarmen und gratulieren. Tja, dann muss ich das wohl übernehmen. Schreibe schon heute Abend den Glückwunsch auf WApp, damit ich ihn morgen früh gleich nach dem Wachwerden schnell losschicken kann!

4.10. 06.05.: Navarete bis Ciruena

Er läuft 23 Kilometer und hört vernünftiger Weise sofort auf, als sein Knie ziept. Es ist zum ersten Mal richtig warm und an diesem Abend hat auch Jacek den berühmten Pilger-Sonnenbrand. Da man stetig gen Westen läuft verbrennt zuerst die linke Körperhälfte!

Seinen Geburtstag haben unsere Freunde hier nicht vergessen, auch wenn er unterwegs ist. Ich muss heute viele Grüße und gute Wünsche übermitteln. Außerdem zeigen mir die gesendeten Bilder und Videos, das er am Abend in der Herberge dann doch eine lustige Geburtstagsparty hatte.

Zur Feier des Tages hat mein Mann heute außerdem das erste Drittel des Weges bewältigt und läuft nun auf die Hälfte zu.

Hier zu Hause ist es jetzt ebenfalls warm und ich muss mich nun auch noch um das Überleben der Blumen im Garten kümmern. Halleluja, was für ein Stress. Da Jacek von Tag zu Tag mehr in Fotorausch gerät, übermittelt er mir am Nachmittag per WApp immer Massen von Bildern. Heute alleine 80 Stück! Da bei jedem Bild ein PING ertönt, bin ich von dem Geräusch lange nicht mehr so angetan wie in den ersten Tagen. Wenn ich die Nachricht erhalte, dass er in einer Herberge angekommen ist, schalte ich also schon mal den Ton weg, denn spätestens eine halbe Stunde danach geht es mit der Übermittlung los! Die springenden Bilder sind mir dann Unterhaltung genug. Erst wenn gegen Abend Ruhe auf dem Bildschirm des iPhones eingekehrt ist, setze ich mich an den Computer und speichere alle Bilder des Tages ab. Ich schaue mir die Schönheiten und Qualen des Pilgerweges in aller Ruhe an und genieße auch die gesandten Videobotschaften.

4.11. 07.05.: Ciruena bis Belorado

Der Sommer zieht nun mit Elan auch in Nord-Spanien ein. Es ist heute sehr heiß. Außerdem war das Essen gestern wohl nicht von bester Qualität, oder war es vielleicht doch die Geburtstagsfeier? Jedenfalls quält ein übler Durchfall meinen Mann den ganzen Tag. Ich mag mir das gar nicht

vorstellen, in so einem Zustand auch noch draußen rum zu laufen! Hoffentlich war immer genügend Gebüsch in der Nähe!

Trotzdem zieht er satte 32 km bis nach Belo-
rado durch. Zum Dank für diese Unvernunft ist er
dann auch total erledigt. Mehr wie Flüssigkeit
auffüllen und ausgiebig Siesta halten ist da erst
einmal nicht mehr drin.

Dafür hat er heute aber auch die Grenze der
Provinz Kastilien überschritten und das Schild
„Santiago 555 Km" passiert.

Heute ist wohl definitiv der Tag, an dem der
Spruch passt: „Der Herr sagte: `lächle, denn es
könnte schlimmer kommen.´ Und ich lächelte
und es kam schlimmer!"

4.12. 08.05. Belorado bis Ages

Schon am Morgen hatte ich die erste WApp-
Info, das es Jacek schlecht geht. Der Durchfall
schwächt ihn und zerrt an der Kondition und am
Willen weiter zu laufen.

Ich sinniere daheim über der Frage „Was ist
eigentlich der Camino"?

- Schmerzen
- Emotionen
- Schwäche
- Euphorie
- Selbstüberschätzung
- Demut
- Motivation
- Erkenntnis über Respekt und Toleranz

- Hören auf den eigenen Körper
- Wut und Verzweiflung
- Wagnis und Kampf

Über all diese Dinge habe ich in nahezu allen Pilger-Tagebüchern bei meiner Literaturrecherche gelesen. Ich habe immer gewartet, wann etwas davon auch meinen Mann ereilt. Er läuft jetzt auf die Hälfte seines Weges zu und hat alles schon erlebt und durchlitten. Als ich ihm das abends per WApp schreibe, ist er total baff, dass ich seine Gefühle so auf den Kopf getroffen habe. Und bei all dem Leiden heute ist der beste Satz von ihm: "Es ist einfach so unglaublich schön!" Da kommen dann mir tatsächlich die Tränen, weil ich so mit ihm fühlen kann.

Gegangen ist Jacek heute trotzdem 27 km. Bei 25 km hat das Knie seinen Anspruch auf Ruhe vernehmlich verkündet, aber man muss eben immer noch bis zum nächsten Dorf weiterlaufen! Um durchzuhalten, hat er sich alle paar Kilometer einfach ins Gras gelegt, Schuhe aus und 20 Minuten relaxen. So dauert es zwar länger, aber man kommt besser ans Ziel.

Obwohl der Durchfall überstanden ist und die Pizza heute gut schmeckt, bleibt das Gefühl der Erholung aus. Ich denke, es ist mal wieder Zeit für einen Tag Pause. Sechs Tage gehen und einen Tag ruhen. Diese Zeit-Einteilung hat ja schon in der Bibel funktioniert! Burgos ist das morgige Etappenziel und ideal für einen freien Tag, da es ziemlich viel zu sehen, zu besichtigen und zu genießen gibt. Wenn er nicht auf seinen Körper hören sollte, dann muss ich morgen energisch werden.

In der heutigen Herberge gibt es am Bett kein Internet und ich denke nur...guuuut, da haben wir beide mal zeitig Ruhe!

4.13. 09.05.: Ages bis Burgos

Mein Mann kann doch vernünftig sein. Gestern Abend hat er per HRS noch ein Hotel gefunden und vorgebucht. Ein „Hot Deal", 4 Sterne Luxus für 2 Nächte, 84 € mit Frühstück. Das finde ich ziemlich teuer, aber Erholung ist wichtig! Letztendlich bin ich froh, dass er sich diesen Ruhetag morgen gönnt.

Heute Morgen ging es ihm wieder so gut, dass er los gelaufen ist. Die diskutierte Alternative Bus kommt nicht zum Einsatz. Schon gegen Mittag erreicht er die Vororte von Burgos und ist am frühen Nachmittag im Hotel. Er ist total hin und weg, denn sein Zimmer hat sogar eine Wanne!

Jacek fühlt sich richtig gut. Es ist Samstag und er erlebt eine große Blumen- und Skulpturen-Schau. Den ganzen Nachmittag und Abend ist in Burgos Fiesta. Die Straßen sind gefüllt mit Menschen und es finden an jeder Kirche Prozessionen statt.

Da hat er für seinen Ruhetag wirklich den richtigen Ort gewählt. Da kann er mal so richtig abschalten und auch die schönen Seiten des Camino mal ausgiebig genießen!

4.14. 10.05.: Burgos

Das Wetter ist frühsommerlich schön in Burgos. Mein Mann hat gut geschlafen und ist voller Tatendrang. Als erstes muss er feststellen, dass es in Burgos teuer ist! Auf dem Camino kosten ein Kaffee und 2 Croissants etwa 2,50 €. Hier vor der Kathedrale gibt es nur den Kaffee erst ab 2,00 €. Tja, Kultur hat eben seinen Preis! Dafür gönnt er sich zwei neue T-Shirts und eine bequeme kurze Hose. Für diese Kaufentscheidung braucht er fast den ganzen Tag, den jedes Gramm im Rucksack will wohlüberlegt sein. Letztendlich ist es wohl der Preis von 7 € pro Teil, der ihn positiv stimmt.

Ansonsten gehört der Tag heute komplett der Kultur. Jacek besichtigt das Castillo auf dem Hügel und die Kathedrale im Zentrum. Sie ist neben der in Santiago wohl das grandioseste Bauwerk am ganzen Camino, beeindruckend und gewaltig. Hier nimmt mein Mann auch an einer Messe teil und bekommt seinen Pilgerstempel direkt vom Priester.

Wir essen beide Steak zum Mittag und genießen danach hier und dort bei einer kleinen Runde Siesta das Formel 1-Rennen in Barcelona. Rosberg gewinnt und unsere deutsche Seele freut sich.

Auch ich habe heute einen sehr entspannten Abend. Nach einer Woche mit viel Rennerei und notwendigen Erledigungen, die sonst überhaupt nicht auf meinem Zettel stehen, genieße ich eine letzte Stunde bei einem Glas Wein mit meiner

Nachbarin Tina auf der Terrasse. Katze versorgt, Garten versorgt, Haus versorgt, Marlies versorgt......!

4.15. 11.05.: Burgos bis Hontanas

Obwohl körperlich erholt, so ist die heutige Etappe für meinen Mann doch eine ziemliche Herausforderung. Nach Santiago de Compostela sind es noch 516 Km und ab Burgos geht es in die berühmt berüchtigte Meseta. Mesa ist das spanische Wort für Tisch, und so kann man sich ungefähr vorstellen, wie das dort aussieht. Es ist eine karge Hochebene, die sich von Kastilien bis ins Zentrum der iberischen Halbinsel zieht. Sie zeichnet sich vor allem durch Eintönigkeit und mangelnde visuelle Abwechslung aus. Meist geht es nur durch Felder und Wiesen, ganz ohne Baum und Strauch. Von vielen Pilgern werden diese insgesamt ca. 150 Km als die härteste Herausforderung des ganzen Camino bezeichnet. Passend dazu wird ab heute für die nächsten Tage ein Temperatur-Anstieg auf über 30 Grad Celsius erwartet. Ich hoffe, Jacek trinkt unterwegs genug. Sein Gesicht war auf einigen Bildern abends ganz schön geschwollen. Wir wollen doch nicht, dass er aus den Schuhen kippt.

Um den heißen Temperaturen in der Mittagszeit so weit wie möglich zu entgehen, startet Jacek schon um 6 Uhr in der Frühe. Er will nur 23 km machen, aber da er das schon um 11 Uhr geschafft hat und es ihm noch gut geht, zieht er bis Hontanas durch. Da sind dann 34 Km geschafft und die Temperatur liegt bei 31 Grad. Hontanas ist auf dem Camino ein berühmtes Dorf, das in vielen Pilger-Tagebüchern Erwähnung findet. Es liegt in einer Senke und wenn man darauf zu wandert, ist es einfach nicht zu sehen. Der erschöpfte Pilger verzweifelt fast und sucht den Horizont nach Häusern ab, bis er plötzlich am Rande eines Talkessels steht und das Dorf keinen Kilometer mehr entfernt in der Senke liegt. Jacek erzählt, dass es genauso ist, aber der Pilger nicht mehr ganz so verzweifelt. Mittlerweile steht ein Stück vorher eine Werbetafel, die die Entfernung bis Hontanas angibt und das müde Pilgerherz ermuntert.

Für heute ist das Ziel erreicht und eine lange Siesta angesagt. Ihm ist etwas übel und er muss sich vor Erschöpfung übergeben. Ich glaube, die Sonne hat ihn geschafft und er ist leicht überhitzt. Ich empfehle ihm, sich hinzulegen und erst einmal einen Liter Wasser zu trinken, bevor er den Abend genießt.

Auch zum Abend hin lässt das Jammern nicht nach. Gerade wäre er, glaube ich, gerne zu Hause. Er will sein Bett, sein Sofa, seine Frau und seine Katze. Man achte hier auf die Reihenfolge! Ich sage dazu nur:" Naja, geh´ erst mal schlafen und dann sehen wir, was morgen ist.“

4.16. 12.05.: Hontanas bis Itero de la Vega

Wie schon von mir vermutet, ist heute Morgen alles Jammern von gestern vergessen. Es geht wieder sehr früh los, allerdings mit etwas mehr Vernunft. Die langen Hosenbeine bleiben dran und das Shirt ist auch langärmelig. So ist der Sonne besser zu widerstehen. Und diesmal ist nach 23 Km um etwa 11 Uhr wirklich Schluss. Selbst da waren es schon über 30 Grad. Fahrzeuge der Gemeinden fahren den Pilgerweg immer wieder ab, halten bei jedem Pilger, fragen wie es ihm geht, ob er etwas braucht und bieten kostenlos Wasser an. Sogar ein alter Mann sitzt im Schatten seines kleinen Häuschens und hat vor sich eine Auswahl von Getränken im Angebot. Jacek denkt erst, der will nur gut Geld abzocken, aber ganz im Gegenteil. Er gibt umsonst, freut sich aber über eine Spende „was man geben kann". Auch so etwas passiert auf dem Camino. Es wird den Peregrinos auch Herz entgegen gebracht und nicht nur auf deren Geldbeutel geschielt.

Auch dieses Wegstück war flach und staubig. Allerdings hier unterbrochen von dem Städtchen Castrojeriz, das an der Südflanke eines Berges liegt, der sich weithin sichtbar aus der Ebene erhebt. Gekrönt wird die Erhebung von einer Burgruine.

Im Ort selbst ist die romanische Kirche Santa Maria sehenswert. Es gibt noch eine Pfarrkirche und die Kirche San Juan aus dem 12. Jahrhundert. Jacek geht gerne in die Kirchen hinein, für ein kurzes Besichtigen und Kerze anzünden. Es ist immer kühl und andächtig. Allerdings ist es nicht die Regel, dass in den Dörfern die Kirchen auch offen sind. Eigentlich schade, denn gerade dort hätte der Pilger doch Gelegenheit für einen Moment des Innehaltens und Besinnens.

Allerdings ist dieser Sinn des Pilgerns bei manchen völlig verloren gegangen. Sie haben nur vier Wochen Urlaub und hetzen über den Camino von Station zu Station, ohne die Umgebung noch richtig wahr zu nehmen. Eile ist das Gebot der Stunde. Hauptsache man kann hinterher sagen, man ist den Jakobsweg gegangen. Ich weiß, dass mein Mann jeden Meter seines Weges genießt und alles auskostet. Er redet viel mit anderen Pilgern unterwegs, aber abends hält es sich von den großen Runden wenn möglich fern und bleibt für sich, um in Ruhe den vergangenen Tag noch einmal genießen zu können.

Herbergsmäßig hat Jacek heute Glück. Da in den großen Schlafsälen manche Pilger es nicht für nötig halten, ihre Handys nachts auf lautlos zu stellen, ist die Nachtruhe nicht immer erholsam. Heute klopft er als erstes an die Tür einer privaten Herberge mit 4 Doppelzimmern und einem Einzelzimmer. Dieses kann er für 12 € die Nacht für sich ergattern. Er ist total glücklich darüber. Alles ist sehr sauber und liebevoll gepflegt.

Damit ergibt sich mal wieder Gelegenheit, die Blessuren zu pflegen. Das Knie macht auf der flachen Meseta wenig Probleme. Dafür ist aber ein blauer Nagel am linken dicken Zeh dazu gekommen, auch wenn Jacek nicht weiß woher. Außerdem ziert ein dicker blauer Fleck sein rechtes Schienbein, das er sich unterwegs angestoßen hat. Erstaunlich ist, dass bis jetzt nicht eine einzige Blase an seinen Füssen zu finden ist. Die Investition in die Schuhe hat sich echt gelohnt.

Zum Abschluss des Tages gibt es Nudeln und Wein für 4 € und einen ruhigen Schlaf!

4.17. 13.05.: Itero bis Carrion de los Condes

Da auch für heute große Hitze angesagt wird, ist Jacek ganz früh los. Um 8.30 Uhr hat er die ersten 10 Km schon hinter sich. Info von mir über WApp: „Im nächsten Ort Fromista steht die wichtigste romanische Kirche am Camino, San Martin." Daraufhin macht mein Mann um 9.30 Uhr vor dieser Kirche seine Frühstückspause und wartet geduldig auf die Öffnung. Das hat sich dann wirklich gelohnt. Der Lichteinfall durch die kleinen Fenster erzeugt um diese Tageszeit im eigentlich recht dunklen Inneren des Kirchenschiffs nahezu magische Effekte! Ohne meine Info wäre er wohl einfach weiter gegangen.

Die 27 km bis Villalcasar de la Sirga sind dann relativ flott geschafft, denn die Strecke läuft entlang eines Kanals und ist von Bäumen beschattet. So läuft es sich angenehm und eigentlich soll jetzt Schluss sein für heute. Alle anderen Pilger wollen noch weiter. Der nächste Ort ist Carrion de los Condes. Dieser Ort ist sehr bekannt auf dem Weg, da es dort ein Kloster, eine Burg und eine Kirche zu besichtigen gibt. Diese Info geht per WApp nach Nordspanien, mit der Empfehlung, dort morgen eine lange Frühstückspause einzuplanen. Antwort nach einer halben Stunde: "11 Km Taxi, 8 €!" Jaaa, so geht es natürlich auch!

Herberge gibt es diesmal bei den Schwestern im Konvent. Die haben immer noch harte Sitten. Um 22 Uhr wird das Licht gelöscht. Dafür allerdings ganz wunderbar, dass das ganze Dorf von mehreren Dutzend brütender Störche belagert ist. Ihr Geklapper begleitet die Peregrinos den Rest des Tages.

Jacek besichtigt die romanische Kirche und deren Museum, das auch Einzelstücke über die Geschichte des Pilgerns zeigt. Die Bilder dieses Tages sind wirklich beeindruckend. Dann empfehle ich ihm, sich dringend ein paar Vorräte für den morgigen Tag zu beschaffen. Da ist Christi Himmelfahrt, ein christlicher Feiertag und man weiß nie, ob die Spanier Geschäfte und Restaurants geöffnet haben. Seinen Abend beschließt ein Teller Spaghetti Carbonara mit 2 kleinen (jedenfalls für Pfälzer Verhältnisse) Gläsern Wein für ganze 6,50 €.

Meinen Abend beschließe ich mit einigen notwendigen Garten-Arbeiten. Sommerblumen müssen gepflanzt und die Glyzinien-Triebe zum ersten Mal gestützt werden. Die Blumen brauchen dringend Wasser und das Unkraut sprießt mehr als nötig. Das alles ist eigentlich gar nicht meine Aufgabe.... Aber macht ja sonst keiner!

4.18. 14.05.: Von Carrion bis Ledigos

Ab Carrion geht es durch die Tierra de Campos. Das sind 18 Km durch das angeblich schlimmste Stück der Meseta. Es geht meist schnurgerade über gelbe Schotterpisten durch endlose Felder, wieder ohne irgendeine Möglichkeit, unterwegs irgendwo Schutz vor der Sonne zu finden. In weiter Ferne hat man nur den Blick auf die Bergkette des Kantabrischen Gebirges, die sich an der Atlantikküste entlang nach Galizien hinein über den ganzen Horizont zieht. Bis zur Ankunft in Santiago muss auch dieses Hindernis noch überwunden werden. Obwohl man stundenlang läuft, hat man nicht den Eindruck, wirklich weiter voran zu kommen. Mein Mann fasst es treffend zusammen: „ Augen zu und einfach weiter, weiter, weiter laufen!"

Zum Glück liegt die Temperatur heute bei angenehmen 20 Grad. Dann endlich kommt der Kirchturm von Calzadilla de la Cueza in Sicht und bald danach sind die 25 Km bis Ledigos geschafft. Eine große Paella ist die Belohnung für die Quälerei des Tages. Schon um 14 Uhr ist ein Bett in der Herberge gefunden und Entspannung angesagt.

Auch ich genieße den Tag heute, denn es ist Feiertag, Christi Himmelfahrt. Mit einem Brückentag morgen habe ich ein schönes langes Wochenende vor mir. Jacek ist jetzt schon über zwei Wochen unterwegs und ich habe ganz langsam das Gefühl, hier zu Hause wieder auf dem Laufenden zu sein und alles Notwendige im Griff zu haben. Darum lasse ich mal 5 gerade sein und faulenze mit einem Buch. Die Stille im Haus muss das Fernsehen übertönen. Der sonst übliche tägliche Austausch über die Geschehnisse des Tages zuhause und in der Welt fehlen mir. Auch wenn es manchmal nur Banalitäten sind, so stellen wir doch immer wieder fest, wie oft wir uns einig sind. Der häufige Kontakt über WApp hilft da nicht wirklich, da der ja so ziemlich komplett auf den Camino bezogen ist.

Am Abend erzählt mir Jacek, dass er heute in der Herberge zwei schottische Pilgerinnen, die vor ihm in der Schlange standen, mit „deutschem Zack Zack" in die Spur gebracht hat. Die beschwerten sich wohl bei der Hospitalera darüber, das ihr vorgebuchtes Doppelzimmer kein eigenes Bad habe. Da diese Sache kein Ende nahm, griff mein Mann ein mit dem Satz „no more discussion! This is alberge, no Hotel!" Damit war dann endlich Ruhe und eine dankbare Hospitalera hat ihm anschließend ein schönes Bett gegeben. Mich hat die Geschichte ganz schön zum Schmunzeln gebracht, denn „deutsches Zack Zack" gehört hier zuhause nicht zu seiner bevorzugten Vorgehensweise!

Nach der Siesta am Nachmittag fühlt er sich fit und ausgeruht. Er hat gelernt, auch unterwegs schon längere Pausen einzulegen. Nicht hetzen, im Gras liegen, Schuhe ausziehen und den Tag und die Umgebung zu genießen. Jetzt gönnt er sich ein entspanntes Abendessen und ein Glas Wein an der Bar und dann ab ins Bett. Der Rest des Tages sieht auch bei mir ähnlich aus!

4.19. 15.05.: Von Ledigos bis Bercianos

Der heutige Tag auf dem Camino läuft fast genauso ereignislos ab wie der gestrige. Es geht nur ein extrem böiger Wind, der das Laufen sehr anstrengend macht. Es sind am Ende der Etappe noch ganze 44 Km bis Leon. Jacek hofft übermorgen dort zu sein und mal wieder einen Ruhetag einschieben zu können. Die Orte auf der Meseta sind dafür einfach nicht geeignet.

Ausnahmsweise sorge ich mal für Stress. Erst gibt die Fernbedienung vom Fernseher im Wohnzimmer den Geist auf. Vielleicht die Batterien, aber ich finde keinen Ersatz, weil ich nicht weiß, wo mein Mann die lagert. Per WApp bekomme ich zumindest die hilfreiche Info, das die Fernbedienung des kleinen Geräts in seinem Arbeitszimmer mit dem Fernseher im Wohnzimmer kompatibel ist. Aber es dauert eine Zeit, bis ich mich wieder beruhigt habe.

Am Nachmittag dann der zweite Schock des Tages. Jeden Tag speichere ich die Bilder, die über WApp bei mir eintreffen und lösche sie dann im Speicher meines iPhones. Auf diese Weise habe ich für später schon mal eine gute Sortierung was den jeweiligen Tag anbelangt. Mein Mann erhält dann die Info, das alles gespeichert ist, und kann auch bei sich wieder Platz für neue Bilder schaffen. Heute nun muss ich fest stellen, dass der gesamte Ordner vom 13.05. verschwunden ist. Gerade die Bilder aus Carrion, mit der romanischen Kirche, dem tollen Museum, den Störchen und dem kastilischen Kanal!! So sehr ich auch hoffe, ihn nur verschoben zu haben und so sehr ich auch suche, die Bilder bleiben verschwunden. Was für eine Katastrophe! Ich erzähle davon kein Wort, weil ich nicht will, dass Jacek jetzt den Rest des Camino darüber grübelt, wie er die Bilder vielleicht wieder herstellen kann. Aber ich habe eine unruhige und sorgenvolle Nacht. Stelle mir schon jetzt vor wie enttäuscht er reagieren wird, wenn ich ihm nach der Heimkehr mein Missgeschick schildere. Oh, Mann, oh Mann!

4.20. 16.05.: Von Bercianos bis Mansilla de las Mulas

Um 7 Uhr ist mein Mann schon wieder auf der Straße. 4 Grad kalt, aber blauer Himmel. Er will ein ordentliches Stück Weg bis Leon hinter sich bringen. Allerdings fangen im Laufe des Vormittags seine Schienbeine höllisch an zu schmerzen. Seine Beschreibung klingt für mich sehr nach einer Reizung der Sehnenansätze. Er versucht es gleich mit Ibuprofen-Salbe und quält sich langsam weiter. In El Burgos de Raniero und in Santas Martas macht er längere Pausen. Bei einer Pause steigt er zur Kühlung in einen eisig kalten Bach. Das finden auch einige Mitpilger erlebenswert und ein kleines Geplansche beschäftigt die Männer einige Zeit! Erst um 15.30 Uhr kommt es in Mansilla an. 20 Km sind trotz aller Schmerzen geschafft. Aber was für eine Quälerei! Jacek teilt sich heute mit einem Neuseeländer ein Doppelzimmer für 18 €. Damit hat er wenigstens Gelegenheit, seine Schienbeine, die ziemlich rot und heiß sind, ausgiebig zu pflegen und zu kühlen.

Gegen Abend fühlt es sich dann tatsächlich besser an. Beim Essen und danach an der Bar ist Party angesagt, denn in diesem Hostal sind mehr als die Hälfte der Pilger aus Deutschland. Da gibt es dann wohl ein spontanes Happening!

Vor lauter Schmerzen sind heute auch nur wenige Bilder entstanden. Aber die Meseta hat sich gegenüber gestern nicht unbedingt in einem anderen Kleid gezeigt. Also nicht so dramatisch.

Mir geht die Sache mit dem verschlampten Bilder-Ordner den ganzen Tag nicht aus dem Kopf. Da mein Mann eigentlich sehr ordentlich ist, aber oft etwas zeitverzögert, keimt in mir die Hoffnung, dass er die Bilder vom 13. vielleicht doch noch auf seinem Handy hat. Ich frage mal so gaaanz unverfänglich bei ihm nach. Er hat tatsächlich noch nichts gelöscht! Halleluja!! Ohne weiter zu hinterfragen, schickt er mir die kompletten Bilder von Carrion noch mal rüber. Er kennt mich eben schon lange genug, und kann sich wahrscheinlich denken, was da passiert ist. Mir fällt ein Riesen-Stein von Herzen!

4.21. 17.05.: Von Mansilla bis Leon

Jacek startet erst um 11 Uhr. Das war wohl ein bisschen viel Party gestern für seinen Kopf. Da kann er von Glück sagen, dass er ein halbes Hotelzimmer hatte und nicht um 8 Uhr aus der Herberge musste! Aber er will es heute unbedingt bis nach Leon schaffen. Die Beine tun weh und er braucht dringend einen Tag Pause für Erholung und Pflege.

Nach dem Motto: „Augen zu und durch", läuft er die noch fehlenden 20 Km wie in Trance, ohne große Pausen. Um viertel vor drei meldet er sich per WApp: „Bin im Zimmer, aber fix und fertig!" Ich finde es bewundernswert, dass er gelaufen ist und nicht den Bus benutzt hat.

Jetzt bleibt er 2 Tage und kann sich erholen. Ein Zimmer für sich, mit Badewanne und die Welt lächelt schon wieder ein bisschen.

Auch ich bin heute etwas wehleidig. Das lange Wochenende war erholsam, aber ich fühlte mich doch ziemlich verlassen. Es ist so schrecklich ruhig. Ich lasse immer den Fernseher im Wohnzimmer laufen, damit wenigstens einer quatscht. Ich glaube, wir müssen morgen dringend mal wieder telefonieren.

4.22. 18.05.: Leon

Jacek hat gestern in der Altstadt von Leon Leute wiedergetroffen, die er am ersten Tag in SJPDP kennengelernt hatte. Die hatte er gleich nach Roncevalles aus den Augen verloren, weil sie jede Etappe mindestens 30 bis 40 km laufen wollten. Jetzt sitzen sie schon seit 4 Tagen in Leon fest, vom Arzt verordnet wegen extrem kaputter Füße. Tja, so trifft man sich dann doch wieder und auch der Langsame kommt ans Ziel. Mein Mann versucht, vernünftig zu handeln. Zumindest kühlt er, auf mein Anraten hin, seine schmerzenden und heißen Schienbeine mit Eis und gönnt sich Ruhe. Aber er hat Angst vor den nächsten Etappen. Es sind noch gut 300 km. Das zweite Drittel des Camino ist fast geschafft.

Am Spätnachmittag gönnt sich Jacek noch einen Bummel durch die Altstadt und besichtigt auch die Kathedrale. Es kostet 5 € Eintritt und gestern ist er deshalb nicht rein gegangen. Viele Pilger regen sich über den Eintrittspreis für eine Kirche auf und verweigern sich deshalb die Besichtigung. Ich habe davon gelesen, aber auch, wie toll die Kirche von innen sein soll. Deshalb habe ich ihm geschrieben, dass er das bloß nicht verpassen darf. Ich hatte Recht! Die Bilder sind einmalig und die emotionalen Eindrücke wohl auch!

Natürlich ist es ärgerlich, dass gerade auf einem Pilgerweg Eintritt für den Besuch und die Besichtigung einer Kirche bezahlt werden muss. Darüber kann man stundenlang diskutieren und lamentieren, wenn man will. Aber ich sehe das eher pragmatisch. Höchstwahrscheinlich kommt man wohl nie wieder an diesen Platz und entweder man verzichtet auf etwas Einmaliges und nie Wiederkehrendes, oder man beißt in den sauren Apfel und zahlt. Schließlich ist man doch ein bisschen auch deswegen unterwegs, um einmalige Dinge zu sehen, oder nicht?

Der Tag war frühsommerlich schön und wird mit einem zweiten, netten Wiedersehen beendet. Jacek trifft das Ehepaar, das im Flieger neben ihm saß. Gemeinsam sitzen sie noch lange in einer Pizzeria zusammen und genießen den Abend.

4.23. 19.05.: Leon bis Santa Catalina de Somosa

Zum Start in den Tag gibt es erst noch ein Entspannungsbad. Aus Leon heraus nimmt mein Mann sinnvoller Weise den Bus. Das Industriegebiet, das durchquert werden muss, zieht sich nämlich über mehrere Kilometer und nervt jeden, der läuft. Ab 8.30 Uhr ist er dann wieder ein Peregrino. Er ist froh, dass er wieder laufen kann, aber die Beine sind nicht in Ordnung und machen den ganzen Tag Probleme. Trotzdem: Ultreia!!

In Justo de la Vega trifft Jacek eine polnische Reisegruppe und verbringt die Mittagspause mit ihnen. Dabei singen sie für ihn kollektiv nachträglich ein polnisches Geburtstagslied, was ihm vor Rührung gleich die Tränen in die Augen steigen lässt.

Astorga imponiert wieder mit einer traumhaften Kathedrale. Dabei fällt meinem Mann ein, dass er an dem freien Tag in Leon seinen Credential nicht dabei hatte und somit auch keinen Stempel von dort hat. Da fällt mir vor ungläubigem Staunen nur noch die Kinnlade runter. Das muss Mann Frau dann mal erklären. Da läuft man seit Wochen und holt sich jeden Tag Stempel um Stempel, weil das ja quasi der Pilgernachweis ist und dann vergisst man den Pass an einem Tag einfach? Das ist mir unbegreiflich!

Als Jacek schließlich in Somosa ankommt, hat er sage und schreibe 37 Km geschafft. Das finde ich total bekloppt. Aber er sagt, Leon und der Ärger mit seinen Beinen hätten ihn so gestresst, dass er sich einfach freilaufen musste. Ahh Jaaa!

4.24. 20.05.: Somosa bis Ponferrada

Gestern Abend gab es im spanischen TV einen Bericht über den Camino und mein Mann ist heute Morgen der Star in der Herberge, weil Bilder von ihm zu sehen waren. Aber aller Ruhm nützt nichts, auch ein Fernsehstar muss laufen! Das Wetter spielt jetzt schon seit Tagen super mit und er ist zufrieden unterwegs.

Mittags hat er in einer Bodega eine sehr schnelle Internet-Verbindung und nutzt das aus, um mir Videos und Bilder zu senden. 150 ungelesene Nachrichten auf WApp, halleluja!

Am Nachmittag erreicht Jacek Foncebadon. Hier ist das berühmte Kreuz, an dem der Pilger innehält und einen Stein ablegt, den er von zu Hause mitgebracht hat. Damit befreit er sich symbolisch von allen Sorgen, Nöten und Beschwerden, die ihn belasten. Alle Pilger haben hier ihre ganz eigenen emotionalen Momente. Mein Mann legt 2 Steine ab, einen für sich und einen für mich. Den habe ich schon im März zu Hause vorbereitet. Auf einer Seite steht „von Marlies" und auf der anderen Seite „für Marlies". Darum gewickelt hatte ich einen Bittbrief, den Jacek hoffentlich, wie von mir erbeten, laut vorgelesen und dann hinterlegt hat. Ich hoffe, es hilft. Man soll nichts unversucht lassen. Welche Lasten er mit seinem Stein abgelegt hat, weiß ich nicht. Aber nach so vielen gemeinsamen Jahren kann ich es mir zumindest denken. Als mich das Bild unserer beiden Steine da nebeneinander auf dem Haufen erreicht, kommen auch mir zuhause vor lauter Ergriffenheit die Tränen.

Gegen 16 Uhr melden sich die Schienbeine plötzlich mit starken Stichen und Schmerzen zu Wort. Nach mehreren Pausen und Neustarts ist klar, dass an ein Weiterlaufen nicht mehr zu denken ist. Jacek nimmt für die letzten 10 Km bis Ponferrada den Bus. Auf mein Anraten hin kuriert er diesmal nicht selber, sondern geht zum Arzt. Die Ambulanz ist in einem katholischen Krankenhaus und für Pilger ist die ganze Behandlung kostenfrei! Die Vermutung, die ich schon seit Tagen habe, wird bestätigt. Es ist eine Sehnen-Entzündung an den unteren Schienbeinen. Jetzt gibt es nur eine Lösung. Ein weiterer Pausentag, Diclophenac und kühlen. Kein einziger Schritt unnötige Lauferei. Jacek nimmt sich ein günstiges Hotelzimmer und hat Glück. Ein Supermercado liegt 100 m rechts, Die Apotheke vis à vis vom Hotel und eine Pizzeria 50 m auf der rechten Seite.

Am Abend telefonieren wir mal wieder miteinander. Er zeigt mir seine Einkäufe, die bestimmt bis morgen Abend ausreichen. Ich muss grinsen. Wenn wir gemeinsam unterwegs sind, sieht unsere Picknick-Verpflegung auch nicht anders aus: Schinken, Käse, Salami, Oliven, Tomaten, Brot und Wein.

4.25. 21.05.: Pontferrada

Heute muss der Pausentag sein zur Pflege und Gesundung. Jacek ist den ganzen Tag auf seinem Zimmer geblieben, hat die Medikamente geschluckt, die Schienbeine mit Eis gekühlt und sich Ruhe gegönnt. Er hat ein bisschen mit Kaminsky gechattet. Das ist ein polnischer Extrem-Sportler, der sich Mitte März von Königsberg aus auf den Weg nach Santiago gemacht hat. Dieser läuft jeden Tag zwischen 40 bis 60 Km! Jacek hat schon zu Hause täglich seinen Weg verfolgt. Kaminsky sagt, er kühlt seine Beine auch jeden Tag und pflegt sie dann mit Pferdesalbe. Da muss ich mal wieder lächeln. Wir erinnern uns, das auch in unserem Schrank zu Hause Pferdesalbe liegt und ich versucht habe, sie meinem Mann mitzugeben. Aber er war skeptisch und wollte lieber Voltaren- und Ibuprofen-Schmerzgel. Jetzt ist er etwas kleinlaut.

Spätnachmittags haben wir mal wieder länger miteinander telefoniert und dabei alle ausgefallenen Geräte hier zu Hause per „Fernwartung" wieder aktiviert. Das war eine lehrreiche halbe Stunde für mich und demzufolge eine sehr erfolgreiche Kommunikation!

Mein Mann macht heute auf Rekonvaleszenz, aber ich muss hier zu Hause „Jacek-Arbeit" erledigen. Ich habe sage und schreibe 30 Sommerblumen in Kästen, Töpfe und Garten gepflanzt. Danach bin ich total erledigt, aber auch sehr zufrieden, dass ich das alleine geschafft habe.

Am frühen Abend hat Jacek dann doch noch einen Rundgang durch Ponferrada gemacht. Das Castillo ist eine mittelalterliche Templerfestung und darf nicht unbesichtigt bleiben. Außerdem müssen die Sehnen getestet werden. Beim Rundgang findet er auch noch eine tolle Halskette aus Silber mit Kreuz und Jakobsmuschel als Anhänger für sich. Diese Kette wird von nun an ständig getragen und wird auch zuhause ein treuer Begleiter bleiben.

4.26. 22.05.: Ponferrada bis Villafranca del Bierzo

Um 8 Uhr wieder unterwegs! Das Wetter ist bombig, der Himmelblau und es sind 6 Grad. „Endlich wieder frei!" schreibt mein Mann. Gefrühstückt wird mit Brot aus einer uralten Backstube, wo der Bäcker mit bemehlten Händen nach vorne kommt und selbst noch das Brot direkt verkauft.

Um 13 Uhr hat Jacek es für heute geschafft. 20 Km mit halbem Tempo. Er muss die Beine zwar wieder kühlen, aber er ist angekommen. Übernachtet wird in einer Einzelklause im Nonnen-Kloster „Convento de los Padres Paules". Die Bilder vom Inneren sind sehr beeindruckend. Es ist extrem sauber und beeindruckend menschenleer.

Zum Mittag gibt es heute Pulpo auf galizische Art. Das sieht echt lecker aus, könnte ich jetzt auch vertragen. Bei mir sind es nur Buletten, doch mein Mann würde sofort tauschen!

4.27. 23.05.: Villafranca bis La Faba

Es ist erst 7 Uhr und schon geht es los. Der Camino duro startet, der „harte Camino". Jetzt kommen ein paar Berg-Etappen hinauf in das kantabrische Gebirge, die die Pyrenäen-Etappe am Anfang des Camino francés in den Schatten stellen sollen. Es ist steil und es geht hoch, aber dieses Hindernis will bezwungen werden auf dem Weg nach Santiago. Es gäbe auch eine flachere Alternative immer an der Straße entlang, aber die will Jacek auf keinen Fall nehmen. Um 11 Uhr ist dieser schwierige Berg-Abschnitt geschafft und mein Mann sehr stolz auf sich.

Zum Mittag belohnt er sich mit einem dicken Pilz-Omelette. 20 Km sind geschafft und er überlegt, ob es genug ist für heute, obwohl er sich noch fit fühlt. Ich rate ihm dazu. Aber da ich dann 2 Stunden nichts mehr von ihm höre, vermute ich, dass er doch weitergezogen ist.

Kurz nach 16 Uhr sind dann 26 Km geschafft und La Faba auf halber Höhe des nächsten Anstiegs erreicht. Hier gibt es eine deutsche Herberge, in der mal wieder ein Großraum-Schlafsaal angezeigt ist. Motto der Herberge ist anscheinend: Essen nein, aber Beten ja. Ein Pilgermenü ist nämlich nicht im Angebot, eine Pilgermesse allerdings schon. So wird der Tag nach der Messe also in einer kleinen Bar mit Kotelett und Wein abgerundet.

4.28. 24.05. La Faba und zurück nach Ponferrada

Der Tag beginnt mit einem großen Schreck. Vor drei Tagen war Jacek in einem Badezimmer gestolpert und hatte sich den Hoden höchst schmerzhaft angeschlagen. Heute Nacht dann plötzlich heftige Schmerzen, Übelkeit und starke Schwellung. Kein einziger Schritt ist möglich. Die deutsche Hospitalera hilft zum Glück. Letztendlich geht es mit einem Krankenwagen zurück nach Ponferrada ins Krankenhaus. Von der Notfall-Ambulanz Weiterleitung zur Urologie. Alles dauert ewig und ich sitze zu Hause wie auf heißen Kohlen. Es ist nicht so einfach, denn auf der einen Seite spricht Jacek kein Spanisch und auf der anderen Seite spricht keiner Deutsch und auch kein Englisch. Aber die Diagnose ist dann doch klar. Das spanische Wort „Infekcja" verstehen wir auch. Antibiotika-Therapie und 2-3 Tage Pause sind angesagt. Jacek bekommt noch im Krankenhaus 4 Infusionen, bevor er wieder entlassen wird.

Er ist am Boden zerstört, kraftlos und völlig frustriert. Er fragt sich die ganze Zeit, warum er so viel Unglück auf seinem Weg hat. Jetzt braucht er von mir ganz viel Trost und Zuspruch. Ich finde, eigentlich ist es doch noch ganz glimpflich ausgegangen. Mit etwas Glück hilft das Antibiotikum schnell und morgen geht es ihm schon wieder besser. Schlimmstenfalls hätte er ja eventuell sogar den Camino abbrechen müssen. Solange das nicht nötig wird, ist meiner Meinung nach, nichts wirklich Schlimmes passiert. Das heute ist zwar großes Pech, aber „shit happens"!

Spätestens jetzt merkt mein Mann, das Pilgern doch mehr ist als nur tagelanges Wandern. Ich habe das bereits beim Lesen der vielen Pilger-Tagebücher realisiert. Aber Jacek war vor Antritt seiner Wanderschaft in seiner Euphorie eben durch nichts zu erschüttern. Jetzt erlebt er die Pilger-Realität eben auch am eigenen Körper.

4.29. 25.05.: Ponferrada Hotel

Nach einer durchgeschlafenen Nacht ist auch die Zuversicht wieder gestiegen. Jacek hat immer noch Schmerzen und auch die Schwellung ist noch da, aber er spürt wohl eine erste Besserung. Ich hoffe wirklich, dass das Antibiotikum ihm hilft. Es ist Pfingstmontag und ich bekomme einige Anrufe von Freunden, die sich nach unserem Befinden erkundigen wollen. Alle schicken Grüße und beste Wünsche an meinen Mann. Keiner wünscht es ihm, dass er abbrechen müsste.

Heute bemerkt er, dass er seinen heißgeliebten und bei Sonne unbedingt notwendigen Hut in der letzten Herberge vergessen hat, als ihn der Krankenwagen abholte. Jetzt ist er völlig nörgelig. Mir fällt ein, dass er davon geredet hat, dass die Herberge von Deutschen geleitet würde. Also schlage ich vor, Jacek solle doch mal dort anrufen und versuchen, ob der Hut morgen nicht von Pilgern mitgenommen werden kann bis zur nächsten Station. Und siehe da, nach einer halben

Stunde kommt die Rückmeldung, dass genau dieses Vorgehen organisiert worden ist.

Zum Frühstück steht er schon auf und geht danach zur Bank und zur Apotheke. Laufen funktioniert also schon wieder, wenn auch noch eher schleichend. Naja, immerhin! Es ist eine Verbesserung gegenüber gestern. Aber schon fängt Jacek fängt wieder an zu jammern. Ihm ist langweilig, er ist ungeduldig und er glaubt, etwas zu verpassen! Der Arzt hat aber 2-3 Tage Ruhepause verschrieben und eine Etappe laufen wäre in seinem heutigen Zustand ja auch gar nicht wirklich möglich.

Weißt du was schön ist?
Auch wenn du schon wieder ungeduldig bist, der Camino läuft nicht weg.
Der ist nächste Woche auch noch da.
Du hast Zeit und brauchst dich nicht zu beeilen.
Ich glaube, die Lektion, die zu lernen ist, heißt: Geduld.

4.30. 26.05.: Ponferrada bis Sarria

Nach gemütlich Aufstehen und Reorganisieren steigt Jacek in den Bus und fährt die Strecke wieder vor, die der Krankenwagen ihn zurück transportiert hat. Als er endlich im Bus sitzt, klopft sein Herz wie verrückt und er könnte heulen vor Freude. Ein bisschen Schmerzen hat er bei harten Schritten immer noch, also schleicht er ehe ein bisschen. Aber mein Gott, er läuft wieder! Halleluja, es ist geschafft. Was für ein Glück, kein Camino-Abbruch nötig.

Um 13 Uhr ist O Cebreiro erreicht. Der Ort geht schon auf das Jahr 836 zurück, als hier eine Pilgerhospital und ein Kloster errichtet wurde. Er liegt auf 1300 Metern Höhe. Bis zum Cebreiro-Pass müssen noch weitere 400 Höhen-Meter überwunden werden. Er ist eine, schon in der Antike benutzte, Verbindung zwischen den Hochebenen (Mesetas) von Kastilien und Galizien.

Hier fängt die autonome Region Galizien an. Damit ist mein Mann auf dem Endspurt. Bis zum nächsten Ort Tricastela geht es gleich wieder 700 Meter abwärts. Die Beine schreien Protest! Aber was nützt es. Nur Weitergehen ist die Option. Der Km-Stein 142 wird passiert und endlich ist Sarria erreicht. 30 Km sind geschafft am heutigen Nachmittag. Was für eine Leistung!

Und der Hut hat tatsächlich seinen Weg zurück zum Herrn gefunden.

4.31. 27.05. Sarria bis Portomarin

Es ist immer noch super Pilger-Wetter. Heute läuft Jacek 21 Km und macht um 14 Uhr schon Feierabend. Die letzten 100 Km sind angebrochen und damit wird es voll auf dem Camino. Denn um eine Anerkennung als Pilger zu erhalten, muss man nur die letzten 100 Km wirklich laufen. Damit ist dem Pauschal-Tourismus Tür und Tor geöffnet. Ganze Reisegruppen fangen erst in Sarria mit ihrer Tour an. Der Bus transportiert das Gepäck zum nächsten Etappenziel und die Kurz-

Pilger laufen relativ unbelastet vor sich hin. Jacek sagt, es geht zu wie in Disneyland. Trotzdem ist auch dieses Teilstück von der Streckenführung her ziemlich anspruchsvoll. Die galizischen Berge machen es dem Pilger nicht leicht, sein Ziel zu erreichen.

Etappenziel ist für heute Portomarin. Der Ort liegt am Stausee Belesar. Als dieser angelegt wurde, verschwand das alte Dorf in den Fluten. Nur ein alter Brückenbogen und die Kirche San Nicolas wurden abgetragen und am neuen Standort des Dorfes höher am Hang wieder aufgebaut.

Das Zimmer kostet 30 €. Das wird auf dem Rest der Pilgerfahrt jetzt auch wohl nicht mehr viel billiger werden. Aber bei all den Wehwehchen, die gepflegt werden müssen, ist eine Übernachtung im Großraum-Schlafsaal nicht sinnvoll und eine gute Nachtruhe bringt allemal die beste Heilung.

Ein Abendessen und eine Besichtigung dieses schönen Ortes lassen den Tag optimal ausklingen. Besonders sehenswert ist eine alte Kirche, dessen Vorderfront aussieht wie der Verteidigungsturm einer Burg. Daher auch der passende Name: Burgkirche. Ein Plätzchen in der Bar gegenüber und mit einem Glas Wein in der Hand die Sonne untergehen sehen. Das ist ein gemütlicher Ausklang für diesen Tag.

4.32. 28.05.: Portomarin bis Melide

Der Tag startet wieder mit bestem Pilger-Wetter, doch zum Mittag steigt die Temperatur über 30 Grad. Auch heute sind viele Höhen-Meter zu bewältigen. Allerdings verläuft der Weg durch große Eukalyptus-Wälder, sodass immer wieder Schatten zu finden ist. Der Duft der Bäume belebt zusätzlich. Als Jacek gegen 16 Uhr in Melide ankommt, hat er 38 Km geschafft. Er erzählt, er hätte unterwegs ein paar Holländer getroffen und die hätten ihn zusätzlich mit „new Power" versorgt. Tja, was meint er denn damit?

Zumindest findet er gleich ein Zimmer für 25 € und entspannt erst einmal, denn er ist total fertig. Wen wundert das nach der Gewalt-Tour. Da frage ich mich doch, was hat er in den letzten vier Wochen eigentlich gelernt?

Im Internet habe ich einen Hinweis gefunden auf eine ganz berühmte Gaststätte in Melide, die „Pulperia Ezequiel". Gut zu wissen, findet mein Mann. Auch wenn er abends keine Lust mehr auf den recht fettig gebratenen Pulpo hat, so ist auch das Steak dort groß und gut, das Bier lecker und die ganze Kneipe urig und sehenswert. Damit geht auch dieser Abend entspannt zu Ende.

Heute haben wir uns intensiv über den Rück-reise-Termin unterhalten. Vor dem Start des Camino hatten wir die zweite Juni-Woche angepeilt, unter der Voraussetzung, dass alles gut geht. Das scheint jetzt tatsächlich der Fall zu sein. In der Woche ist ein Rückflug außerdem etwas billiger als am Wochenende. Heute Morgen war am

09.06. noch ein Flug zu kriegen, heute Abend war schon alles ausgebucht. Na, das kann ja herrlich werden! Zum Schluss muss er noch 30 Stunden Busfahrt ertragen um wieder nach Hause zu kommen!

Als wir beide schon im Bett liegen, lassen wir WApp nochmal heiß laufen. Jacek erzählt von den vielen „se vende/ zu verkaufen"-Schildern, die er in den letzten Tagen sieht. Da ulken wir herum, dass wir unser Alter vielleicht als Hospitaleros verbringen. Ich will ein etwas anspruchsvolleres Hostal eröffnen. 4-5 Doppel-Zimmer für 25-30 € die Übernachtung, mit deutschem TV und einem schönen Garten zum Erholen. Jacek will zusätzlich Taxi-Dienst für Peregrinos und Gepäck anbieten. Wir sind international und bedienen die Sprachen Polnisch, Russisch, Deutsch, Holländisch, Englisch und ein bisschen Französisch und Tschechisch. Auch wenn wir zum Schluss eingestehen, dass wir dafür unser Haus in der Pfalz wohl nicht opfern würden, so hatten wir doch beide unseren Spaß beim Ausschmücken dieser Vision!

4.33. 29.05.: Melide bis Pedrouzo

Mein Mann weckt mich schon um 5 Uhr mit einem satten PING von WApp. Er hat in der Nacht noch via Internet gesucht und für den 07.06. einen Rückflug mit Easy Jet bis Flughafen Freiburg-Basel für 180 € gefunden. Ist zwar nicht so billig wie der Hinflug, aber damit hatten wir auch gar nicht gerechnet. Jetzt noch weiter suchen macht auch keinen Sinn, denn jeder zusätzliche Tag in

Santiago schlägt sicherlich auch mit mindestens 50 € zu Buche. Als Alternative gibt es noch den Bus bis Köln für 150 € und mehr wie einem Tag auf der Straße. Da das keine wirkliche Option ist, steht jetzt somit die Rückkehr für den 07.06. fest.

Jacek läuft noch bei tiefster Dunkelheit schon um 5 Uhr 30 los um noch einmal den Camino ein paar Stunden in Ruhe genießen zu können, bevor das große Gedränge wieder losgeht. So hat er auch die Chance, der größten Mittagshitze entgehen zu können.

Der Km-Stein 40 wird passiert und um 9 Uhr 30 sind schon 16 Km geschafft. Eine erste Kaffeepause bringt neue Kräfte. In einer deutschen Herberge gibt es im Garten Kaffee und Kuchen zum freiwilligen Beitrag. Jeder gibt also so viel wie er kann und es ihm wert ist. Sowas findet man auf dem Camino ja öfter bei privaten Verpflegungsstationen und auch in manchen kirchlichen Herbergen.

Ab da wird es dann wieder voll, aber mein Mann hat keine Schmerzen mehr und eine Wahnsinnsenergie heute. Er kommt um 14 Uhr in Pedrouzo an und hat 34 km bewältigt. Vielleicht sind das ja wirklich die Eukalyptus-Wälder? Das Zimmer kostet wieder 25 €. Drunter geht es nicht mehr auf dieser Etappe. Da kann man nichts machen.

Abends telefonieren wir mal wieder miteinander. Jacek meint, er wäre jetzt gegenüber der emotionalen Komponente etwas abgehärtet. Zu Beginn seiner Pilgerschaft ist er in jede Kirche gegangen und hat gebetet, dass es gut für ihn laufen mag. Was ist passiert? Erst das Knie, dann der Magen, gefolgt von den Sehnen im Schienbein und letztendlich diese schmerzhafte Entzündung. Er hat sich jetzt entschieden, bei höherer Instanz nicht mehr um Hilfe zu bitten und es in die eigenen Hände zu nehmen. Anscheinend läuft es jetzt gut so. Die Kirchen der vergangenen Tage hat er zwar noch besichtigt, aber ansonsten sein eigenes Ding durchgezogen.

Morgen nimmt er die unwiderruflich letzten 22 Km bis Santiago unter die Füße, wovon die letzten 6 sich schon durch die Vororte von Santiago ziehen. Ich freue mich sehr, das morgen Samstag ist, da werde ich in Gedanken wohl die ganze Strecke mit ihm laufen!

4.34. 30.05.: Pedrouzo bis Santiago

Jacek hat gestern den letzten Abend seiner Wanderschaft an der Bar ausklingen lassen. Sein Zimmer liegt in unmittelbarer Nähe und da gestern das Wochenende anfing war Riesenlärm, Gesänge und dann Geschrei bis die Polizei dazu kam. Da hätte früh schlafen gehen ohnehin keinen Sinn gemacht. Daher ist die Erholung nicht optimal und sein Tag beginnt erst gegen 8 Uhr. Das Wetter ist immer noch ein Geschenk an die Pilger. Die Sonne scheint und der Himmel ist blau.

Während dieser letzten Kilometer habe ich die ganze Zeit mein Handy dicht an der Frau und verpasse so per WApp keinen wichtigen Moment.

Um kurz vor 12 Uhr erreicht mein Mann den Monte de Gozo, den Freudenberg. Hier steht ein enorm imposantes Denkmal zu Ehren eines Papst-Besuchs von Johannes Paul II im Jahre 1982. Dieser Berg hat seinen Namen schon in ferner Vergangenheit erhalten, weil man von hier oben zum ersten Mal Santiago de Compostela im Tal liegen sieht und deshalb alle Pilger hier wussten, sie habe es fast geschafft. Früher wurde hier Rast gemacht und man hat seine Kleidung gründlich gereinigt, bevor man in die Stadt einzog. Hardcore-Pilger bewältigten die letzte Strecke dann sogar barfuß. Auch heute befindet sich hier noch eine große Herberge, falls jemand wirklich erst am frühen Morgen in die Stadt einziehen will. Ohne Schuhe geht allerdings keiner mehr!

Jacek zieht es aber weiter. Um kurz nach 12 Uhr passiert er das Ortsschild von Santiago und um 13 Uhr steht er endlich vor der Kathedrale! Ein imposantes Gotteshaus. Leider ist ein Turm zur Zeit für Renovierungen eingerüstet. Bevor mein Mann die Kathedrale betritt, reiht er sich erst in die lange Schlange vor dem Pilgerbüro ein, um sich seine „Compostela", die Bescheinigung über seine Pilgerreise zu holen. Dafür wartet man dann schon mal eine Stunde! Danach sucht er sich sein Hotel für zwei Tage etwas außerhalb des Zentrums, denn in Sichtweite der Kathedrale ist es sehr teuer. Aber dank HRS (Hotel Reservation Service) ist die Hotel-Suche heute, genau wie an vielen Tagen vorher, schnell erledigt.

Erst am Nachmittag, als Jacek durch die Altstadt schlendert und ich nach vielen Tagen mit ungemütlichem Wetter mal wieder ein Glas Wein auf meiner Terrasse genieße, wird mir klar, dass mein Mann es tatsächlich geschafft hat! All die Quälerei der letzten 5 Wochen nur für diesen einen Moment. Die ausgestellte Urkunde bescheinigt ihm 775 gepilgerte Kilometer von SJPDP bis Santiago vom 28. April bis zum 30. Mai 2015. Diese wird nach seiner Rückkehr bestimmt gerahmt und dann einen Ehrenplatz in unserem Zuhause finden.

Jetzt ist er kein Pilger mehr, die Muschel muss runter vom Rucksack! Auf dem noch vor ihm liegenden Marsch bis zum Kap Finisterre ist er einfach nur noch Wanderer und Tourist.

4.35. 31.05.: Santiago de Compostela

Die Freudenparty in den Straßen von Santiago war gestern wohl ganz schon heftig. Trotzdem ist Jacek gegen 9 Uhr unterwegs. Geht nicht anders, sagt er. Es ist ganz ungewohnt, nicht mehr laufen zu müssen. Er frühstückt im Angesicht der Kathedrale und besucht dann die Pilger-Messe. Da erfüllt sich der letzte Traum seiner Reise. Das große, silberne Weihrauchgefäß wird über den Köpfen der Pilger durch die ganze Kirche geschwungen. Früher war das notwendig, um die empfindlichen Nasen von Priestern und Mönchen vor den Gerüchen der Pilger zu schützen. Bis vor ein paar Jahren war es immer noch eine wohl gepflegte Tradition. Aber mittlerweile muss man darauf hoffen, dass Pauschaltouristen-Gruppen genügend dafür bezahlt haben. Gerüchte sagen, das es 300 € kostet, damit das Gefäß sich in Bewegung setzt. Ich sehe dann zuhause die Videos davon und auch mir kommen vor emotionaler Bewegung die Tränen! Ich weiß doch, wie sehr mein Mann sich das gewünscht hat!

Der Nachmittag geht rum mit Paella essen, schlendern durch Santiagos Straßen und Siesta. Es ist kühl heute in der Stadt, aber das Eis schmeckt herrlich, der Wein ebenso und das Gefühl des Erfolgs wird in vollen Zügen ausgekostet! Am Abend läuft er einer Gruppe Holländerinnen über den Weg, die er in den letzten Tagen immer wieder unterwegs getroffen hat. So beschließt er dann als Hahn im Korb in netter Runde seinen Camino!

Das ist heute definitiv das Ende der Pilgerschaft.

5. Kapitel

Die Woche danach

5.1. 01.06. bis 03.06.: Finisterre

Jetzt hat das Wandern ein Ende. Der Plan, auch noch nach Kap Fisterra (Lands End, Fin de Terre, etc.) zu laufen, wird fallen gelassen. Die Luft ist total raus. Gegen Mittag nimmt Jacek den Bus und fährt die 100 Kilometer bis ans westlichste Ende Europas und der alten Welt. Dort angekommen, plagt ihn zwar etwas das schlechte Gewissen, aber nur kurz, denn es ist so wunderschön. Ich finde, er soll sich mal ein paar Tage erholen, denn er sieht wirklich echt fertig und mitgenommen aus.

Also sucht mein Mann sich ein nettes kleines Hostal, und lässt die Entspannung seinen Weg suchen. Er geht zum Leuchtturm und betrachtet lange den Atlantik, der heute mit enorm hohen Wellen seinen Weg nach Europa beendet. Der Blick in die Weite tut den Pilger-Augen gut, die so lange nur nach den nächsten gelben Pfeilen gesucht haben!

Zum Abend gibt es eine Riesen-Fischplatte und leckeren Wein dazu. Die Bilder aus dem Restaurant zeigen, dass der Tag echt gut getan hat. Jacek sieht schon viel besser aus als noch heute Morgen.

Er genießt es total, am zweiten Tag einfach mal noch eine Stunde liegen bleiben zu können. Es zieht ein tolles Sommerhoch über Nordspanien und mein Mann geht noch einmal an den Strand. Er läuft am

Wasser entlang, trinkt ein Bierchen und schläft einfach 2 Stunden im warmen Sand.

Am Abend zieht es ihn nochmal zum Leuchtturm. Gemeinsam mit anderen Pilgern wird ein alter Brauch zelebriert. Es wird ein kleines Feuer entfacht und die alten und löchrigen Wandersocken verbrannt, die jetzt definitiv ihre Schuldigkeit getan haben. Jacek opfert auch noch seine Wandersandalen, die es nicht mehr wert sind, wieder mit nach Hause geschleppt zu werden. Danach fotografieren sich alle gegenseitig mit ihrem vollgestempelten Pilger-Pass am Meilenstein 0,00 Km.

Der Abend wird in gemütlicher Runde beschlossen in einer Kneipe, die mit Pilger-Memorabilien bis unter die Decke vollgestopft ist. Jedes Eckchen Wand ist belegt. Es sieht aus wie in einem Museum und ist sehr rustikal und urig.

Ich habe zuhause dafür schon wieder einen Stress-Tag an dem mein Mann mir fehlt. Ein Marder hat sich an meinem Auto vergangen und ich habe ein ziemliches Hin und Her zu bewältigen, bevor ich endlich mit der Arbeit starten kann. Wäre er zu Hause, hätte ich einfach mit unserem eigenen Auto zur Arbeit fahren können und Jacek hätte die ganze Warterei und Hektik mit der Werkstatt erledigt. Da sehe ich mal wieder, was alles nicht läuft ohne ihn!

Schon früh am nächsten Morgen macht Jacek sich fertig für die Wanderung nach Muxia. Aber um 10 Uhr meldet er sich mit der Info, das er sich nicht aufraffen konnte. Erstens ist die Strecke mit 30 Km sehr lang und soll außerdem mit vielen An- und Abstiegen sehr anstrengend sein. Zweitens hat es gerade einen

Super-Strand unter den Füßen und bestes Sommer-Wetter, was es wert ist, ausgekostet zu werden. Drittens hat er allen Ernstes genug vom Laufen! Also wird auch dieser Tag ausgefüllt mit Extrem-Relaxing. Ein großer Teller mit gegrillten Riesen-Garnelen und ein Glas Wein für 10 € machen das Urlaubsfeeling so richtig komplett.

5.2. 04.06.: Von Finisterre über Muxia nach Santiago zurück

Aber heute ist es dann soweit und der Weg wird fortgesetzt. Mit dem Taxi macht Jacek sehr früh die Strecke nach Muxia. Es ist noch vor 8 Uhr und der Taxi-Fahrer ist total geschockt. Zweimal fragt er, ob wirklich morgens gemeint ist oder nicht doch am Abend! Da sieht man es wieder, die Uhren gehen tatsächlich anders in Spanien.

Muxia liegt auch direkt am Atlantik an der Costa del morte und ist ein weiterer wichtiger Wallfahrtsort für Jakobspilger. Es gibt hier das Sanktuarium Virxe da Barca (Marienheiligtum der Schiffsjungfrau). Dieses ist im November 2013 zu trauriger Berühmtheit gelangt, weil durch ein Feuer, das ein Blitzschlag verursachte, der gesamte alte Dachstuhl abbrannte.

Außerdem gibt es noch das Kap Tourinan, das sich mit Finisterre darum streitet, wo jetzt definitiv der westlichste Punkt Europas zu finden ist. Wer den Film „Der Weg" gesehen hat, kommt hier auf seine Kosten. Die Abschluss-Szene des Films ist nämlich hier gedreht worden. Die mächtigen Steinformationen, die dem Angriff des Atlantiks trotzen sind ziemlich beeindruckend.

Insgesamt ist Muxia am Vormittag total verschlafen, bis gegen Mittag plötzlich eine Kolonne von Kleinbussen aus Santiago ankommt und eine ziemliche Menge von Pilgern ausspuckt. Da gerade zu diesem Zeitpunkt eine ziemlich dichte Nebelwand herein zieht, nutzt Jacek einen frühen Bus nach Santiago und macht sich auf, die allerletzten Kilometer dieser Reise zu bewältigen. Er findet ein kleines Hostal nahe der Altstadt mit Zimmern klein wie Klosterzellen. Wahrscheinlich für einen Pilger in früherer Zeit immer noch luxuriös!

Heute ist bei uns in Deutschland Feiertag, Fronleichnam. Da bedeutet ein wunderbar langes Wochenende zum Entspannen. Das Sommerhoch ist auch endlich hier angekommen. Nach dem überaus kalten Mai genieße ich freie Zeit in unserem Garten. Am Nachmittag sitze ich zum ersten Mal, seit Jacek unterwegs ist, bei meiner Nachbarin Tina auf der Terrasse. Sie hat mich zum Grillen mit ihren Jungs eingeladen und sie verwöhnen mich mit leckeren Sachen. Riesengarnelen gibt es nicht nur in Spanien!

5.3. 05.06. und 06.06.: Santiago

Nach einem feucht-fröhlichen Abend in Spanien und auch hier in Deutschland, genieße ich mit einem guten Buch mein langes Wochenende. Mein Mann hat nicht so ein Glück. Er kann nicht liegen bleiben, sondern muss sich gleich früh eine neue Bleibe suchen. Pilger-Zimmer gibt es in Herbergen und Hostals immer nur für eine Nacht. Als das erledigt ist, und ein gutes Frühstück ihn wieder auf die Beine gebracht hat, geht er nochmal in die Kathedrale zur Pilgermesse. Er muss unbedingt noch Kerzen für uns anzünden. Bei seinem ersten Besuch vor einer Woche war ihm dafür das Kleingeld ausgegangen.

Den Rest des Tages bummelt Jacek durch die Straßen von Santiago. Dabei trägt er leichte Turnschuhe und Baumwollsocken, die er sich in Finisterre gekauft hat. Bis zum Abend hat er sich darin zwei Blasen gelaufen. Wir lachen uns am Telefon fast tot. 800 Km mit Gepäck auf dem Rücken passiert seinen Füßen nichts und beim Bummeln durch die Geschäfte dann sowas! Aber damit bestätigt sich, dass Schuhe und Socken bei so einem Vorhaben das absolut Wichtigste sind und man dabei nicht am falschen Ende sparen darf.

In unserem Kühlschrank hat sich der Eisbereiter mal wieder verabschiedet. Natürlich sehr passend bei dem heißen Wetter. Mein Mann hat das schon zweimal repariert und wird das auch sicherlich ein drittes Mal schaffen, wenn er endlich wieder zu Hause ist. Ich rege mich jetzt nicht mehr darüber auf. Es sind nur noch 2 Tage, da geht es auch ohne Eis. Aber seine Rückkehr ist jetzt einfach nötig. Auch er ist soweit. Er langweilt sich und will endlich wieder heim!

Aufgrund des Tipps von einem anderen Pilger besichtigt Jacek an seinem allerletzten Tag der Reise noch ausgiebig die großen Markthallen von Santiago. Egal wohin wir gemeinsam reisen, ist das auch für uns zusammen immer ein großer Anziehungsmagnet. Also schickt er mir viele Bilder und ich kann die Geräusche der Käufer und Verkäufer förmlich hören und den Fisch fast riechen. Er isst Austern für je 1 €, die so groß sind, dass man sie nicht in einem Stück runter schlucken kann!

Den Nachmittag, bei immer noch herrlichstem Sommerwetter, vertrödelt Jacek ein bisschen mit Café con leche vor der Kathedrale, einer ausgiebigen Siesta und einer leckeren Fischsuppe. Am Abend dann in einer echten spanischen TV-Bar das Endspiel der Champions League: FC Barcelona gegen Juventus Turin. Das will er unbedingt mal live erleben!

Ich gehe lieber früher schlafen, denn morgen muss ich 250 km fahren, um meinen Mann vom Euroairport Mulhouse abzuholen. Der Flieger landet um 12.30 Uhr. Endlich!

5.4. 07.06.: Von Santiago nach Hause

Barcelona hat das Endspiel gestern mit 3:1 gewonnen. Ob das für meinen Mann so gut war, ist eine andere Sache. Er hat gemeinsam mit den Spaniern die Nacht zum Tage gemacht und einfach auch seinen Abschied vom Camino gefeiert. Dafür ist er heute ganz schön durch den Wind. Aber er sitzt rechtzeitig im Taxi zum Flughafen, checkt ein und die Easy Jet-Maschine fliegt pünktlich ab.

Ich bin früh auf und habe sein Wunsch-Essen für abends vorbereitet. Gekochte Kartoffeln, Schnitzel und Sauerkraut. Deutscher geht es wirklich nicht! Um kurz vor 10 Uhr mache ich mich auf den Weg zum Flughafen Basel. Fünf Minuten bevor ich ankomme, fliegt neben der Autobahn kurz vor der Landung die Easy Jet-Maschine an mir vorbei. Ich kann noch schnell ein Foto schießen, bevor ich auf den Parkplatz einbiegen muss. Noch 20 Minuten warten und dann kommt Jacek endlich durch die Tür und wir fallen uns in die Arme! Jetzt war er sechs Wochen weg und ich fand es zum Schluss ganz schön lange. Er stürzt sich als erstes auf meine mitgebrachten Brötchen und die Thermoskanne mit Kaffee. Danach geht es gemütlich zurück nach Hause.

Auch diese Strecke fahre ich, denn mein Mann könnte sich auf das Autofahren gar nicht konzentrieren, so übervoll ist er mit Geschichten und Erinnerungen. Endlich wieder daheim bewundert er als erstes den Garten, begrüßt die Katze und hat Hunger. Erst nach dem Essen entspannt sich Jacek sichtlich. Wir setzen uns den Rest des Nachmittags gemeinsam auf die Terrasse, bewundern seine Mitbringsel, überwiegend Magneten für unsere Urlaubserinnerungswand, und auch ich komme dazu ein paar Neuigkeiten aus den letzten 6 Wochen los zu werden. Dann schauen wir noch bis spät in den Abend hinein seine Videos, die er Tag für Tag aufgenommen hat. Erst ab morgen wird uns der Alltag wiederhaben.

Wir haben es beide geschafft!!

Epilog

Nun sind schon gut 3 Monate ins Land gegangen, seit mein Mann wieder zu Hause ist. Ich habe mit dem Abschluss dieses Buches extra so lange gewartet, um sehen zu können, ob sich etwas verändert hat.

Erst einmal hat es fast zwei Wochen gebraucht, bis Jacek wirklich mit ganzem Herzen wieder zu Hause war. Davor hat er sich stundenlang in seine Bilder und Videos vertieft und war gedanklich immer noch auf dem Weg. Er hat gejammert, das er wieder laufen will und am liebsten den ganzen Weg noch einmal gehen. Wir haben gemeinsam Freunde besucht und in unserem Stamm-Weinhaus gesessen und er hat erzählt, erzählt und erzählt.

Ich war schon ziemlich beunruhigt, denn er war eigentlich noch gar nicht wieder da und glücklich war er hier zuhause auch nicht. Selbst im Schlaf war er noch auf dem Camino unterwegs. Und ganz plötzlich nach circa 2 Wochen empfing er mich nach der Arbeit mit den Worten: „So!! Genug jetzt mit Camino! Lass uns was machen!" Das habe ich mir nicht zweimal sagen lassen und ihn als erstes in den Garten geschleppt.

Von dem Tag an haben wir uns unterhalten über seinen Neuanfang im Job. Worauf er jetzt Lust hat und was er verändern will. Als junger Mann in den polnischen Kriegszeiten hat er sich durchgeschlagen als Chauffeur in einer großen Raffinerie und als Fahrer eines Sanitätsfahrzeugs. In diese Richtung ten-

dierte auch jetzt sein Interesse. Er hat Kontakt auf
genommen zu einem Taxi-Unternehmen im nächsten
Ort, die auch Krankentransporte und Limousinen-
Service für die BASF im Programm haben. Einen guten Monat hat es gedauert, bis Jacek alle notwendigen ärztlichen Gutachten hatte und die sogenannte
„Ortskenntnis-Prüfung" abgelegt hat. Dann hatte er
den heißersehnten „Personen-Beförderungsschein".
Seit Anfang August ist mein Mann nun Fahrer in diesem Unternehmen und fährt Menschen zu ihren
Chemotherapie-Sitzungen oder Dialyse-Terminen. Er
ist glücklich über die Entwicklung und gespannt auf
die Dinge, die da noch auf ihn zukommen werden.

Und was ist mit mir? Mir ist klar geworden, was
für ein eingespieltes Team wir in unserer Beziehung
doch eigentlich sind. Erst jetzt weiß ich richtig zu
schätzen, was mein Mann zu Hause alles so erledigt
und was er alles kann. Mir ist klar geworden, wie
wichtig mir diese Beziehung ist und das es sich immer
wieder lohnt, an ihrem Bestehen zu arbeiten. Mein
Fazit nach diesen Wochen Jakobsweg ist, auch ich
muss mehr Geduld haben!

Und das Ende vom Lied?
Nächstes Jahr ist wieder ein großer gemeinsamer
Urlaub dran! Unser Ziel ist die Nordküste Spaniens,
auch bekannt unter der Bezeichnung Camino norte.
Diesmal wollen wir mit dem Cabrio diese wunderschöne Strecke bis Santiago de Compostela im wahr-
sten Sinne des Wortes erfahren. Damit habe auch ich
die einmalige Chance die Messe in der Kathedrale
von Santiago mit zu erleben. Ich werde zwar kein

Pilger sein, aber die Tränen werden mir bestimmt trotzdem kommen.

.....und mein Mann will die eine oder andere Etappe dieser Reise wieder per pedes hinter sich bringen. Aber ohne Druck und ohne Rucksack, denn ich fungiere dann als Gepäck-Transporter und Quartier-Meister.

Nachtrag: Seit seiner Ankunft Anfang Juni ist Jacek übrigens keinen Schritt mehr gewandert.

Ultreia

Anhang

Gelesene Bücher:

1) Hape Kerkeling „Ich bin dann mal weg"
2) Meik Eichert „Abenteuer Jakobsweg"
3) S. Yates „Pilgertipps und Pachliste Jakobsweg"
4) Janosz Kertesz „4 Millionen Schritte bis zum Ende der Welt"
5) Mannfred Mönnich „Sterben kann ich immer noch"
6) Meike Scharff „Laufet, so werdet ihr finden"
7) Michael Sohmen „Eine Pilgerreise zum Ende der Welt"
8) Amadeus Firgau „Herz und Knie"
9) Alexander Kamps „3,6 Millionen Schritte Himmel und Hölle"
10) Simon K. Richardson „Wie ein kostbarer Jahrgang"
11) Philipp Winterberg „Jakobsweg im Smoking"
12) Chris Freistätter „ Mein Weg zurück"
13) Arno Ockenfels „Das Ziel nicht vergessen, den Mut nicht verlieren"
14) Wiebke B. Beyer „Manchmal muss man einfach weiterlaufen."
15) Edmund Streng „Dein Weg ist auch mein Weg"

Text des Liedes „Wolke 4" von Philipp Dittberner und Marv

Refrain: Lass uns die Wolke 4 bitte nie mehr verlassen, weil wir auf Wolke 7 viel zu viel verpassen. Ich war dort schon einmal, bin so tief gefallen. Lieber auf Wolke 4 mit dir als unten wieder ganz allein.

Ziemlich gut, wie wir das so gemeistert haben. Wie wir die großen Tage unter kleinen Dingen begraben. Der Moment der die Wirklichkeit maskiert. Es tut nur gut zu wissen, dass es wirklich funktioniert.

Refrain

Hab nicht gesehn, was da vielleicht noch kommt, was am Ende dann mein Leben und mein kleines Herz zerbombt. Der Moment ist das, was er uns zeigt, dass die Tage ziemlich dunkel sind, doch dein Lächeln bleibt!

Refrain